Daniel Klocke

Das BetrVG und der Arbeitskampf im Betrieb

HSI-Schriftenreihe
Band 29

Daniel Klocke

Das BetrVG und der Arbeitskampf im Betrieb

Bibliografische Information der Deutschen Nationalbibliothek
Die Deutsche Nationalbibliothek verzeichnet diese Publikation in der
Deutschen Nationalbibliografie; detaillierte bibliografische Daten sind im Internet
über http://dnb.d-nb.de abrufbar.

© 2019 by Bund-Verlag GmbH, Frankfurt am Main
Herstellung: Kerstin Wilke
Umschlaggestaltung: Neil McBeath, Stuttgart
Satz: Reemers Publishing Services GmbH, Krefeld
Druck: CPI books GmbH, Leck
Printed in Germany 2019
ISBN 978-3-7663-6935-2

Alle Rechte vorbehalten,
insbesondere die des öffentlichen Vortrags, der Rundfunksendung
und der Fernsehausstrahlung, der fotomechanischen Wiedergabe,
auch einzelner Teile.

www.bund-verlag.de

Vorwort

Die Rechtsprechung und ein größerer Teil der Literaturstimmen schränken die Rechte des Betriebsrats bei Arbeitskämpfen deutlich ein. Teilweise wird unterstellt, Betriebsräte könnten während eines Arbeitskampfs nicht sachgerecht handeln. Teilweise wird auch mit Paritätsüberlegungen argumentiert: der Betriebsrat soll quasi „naturgesetzlich" auf der Seite der Gewerkschaften stehen und ihnen damit zu einem unzulässigen Übergewicht verhelfen. Aus diesem Grund soll der Betriebsrat zum Beispiel selbst dann nicht über das „Ob", sondern nur über das „Wie" mitbestimmen können, wenn der Arbeitgeber in einem nur mittelbar von einem Streik betroffenen Betrieb Kurzarbeit einführen möchte. Die vorliegende Arbeit diskutiert diese Fragen neu und findet Lösungen, die nicht einseitig zu Lasten der betrieblichen Mitbestimmung gehen.

Wir hoffen, dass damit die Diskussion wiederbelebt wird und wünschen eine interessante Lektüre.

Prof. Dr. Marlene Schmidt   Dr. Thomas Klebe

Inhaltsübersicht

Vorwort 5
I. Einleitung 11
II. Grundgedanken des Betriebsverfassungsrechts 15
III. Die Arbeitskampffreiheit im Überblick 17
    1. Der Inhalt von Art. 9 Abs. 3 GG 17
    2. Die Reaktionen des Arbeitgebers auf einen Streik 19
       a) Übersicht 19
       b) Die Aussperrung 19
       c) Exkurs: Die sog. kalte Aussperrung 20
       d) Die suspendierende Betriebsstilllegung 21
    3. Die Stellung des Arbeitgebers 22
    4. Dritte im Arbeitskampf 23
       a) Der Partizipationsstreik 23
       b) Der unbeteiligte Dritte 24
       c) Zwischenfazit 24
IV. Das betriebsverfassungsrechtliche Arbeitskampfverbot 25
    1. Der historische Normzweck 25
    2. Der Begriff der Arbeitskampfmaßnahme 25
    3. Betriebsvereinbarungen als Gegenstand eines Arbeitskampfs ... 26
    4. Tarifvertragliche Regelungen als Gegenstand eines
       Arbeitskampfs 27
    5. Insbesondere: der Ausbau der Neutralitätspflicht 27
    6. Betriebsrat, Betriebsratsmitglieder und Arbeitgeber als
       Verbotsadressaten 29
V. Die Mitbestimmungs- und Mitwirkungsrechte während
    des Arbeitskampfes 30
    1. Das Grunddogma: Die Kontinuität des Betriebsrats 30
    2. Die Kontinuität der Beteiligungsrechte 31
    3. Die Problemlage 31

4. Die Rechtsprechungsentwicklung 32
   a) Die Einstellung anderer Arbeitnehmer nach lösender Aussperrung 32
   b) Kampfkündigung gegenüber Mitgliedern des Wahlvorstands und Wahlbewerbern – das Verfahren nach § 103 BetrVG 32
   c) Kampfkündigung gegenüber Arbeitnehmern – Verfahren nach § 102 BetrVG 33
   d) § 102 BetrVG bei verhaltensbedingter Kündigung während eines Arbeitskampfes 33
   e) Betriebliche Arbeitszeitverlängerung – § 87 Abs. 1 Nr. 3 BetrVG 34
   f) Einführung von Kurzarbeit in einem mittelbar betroffenen Betrieb 35
   g) Die Gestaltung von Werksausweisen 36
   h) Betriebsversammlungen während eines Arbeitskampfes 36
   i) Der mitbestimmungsvorbereitende Auskunftsanspruch 37
   j) Lehrgänge für Streikbrecher – § 98 BetrVG 37
   k) Versetzung von Arbeitnehmern zu einem Tochterunternehmen 38
   l) Gleitzeitregelung in Betriebsvereinbarungen 38
   m) Der Unterrichtungsanspruch 39
   n) Der Sanierungstarifvertrag 40
   o) Arbeitskampfbedingte Versetzungen 40
   p) Die Anordnung von Mehrarbeit als Reaktion auf einen Warnstreik 41
   q) Zusammenfassung der Rechtsprechungsentwicklung 42
      aa) Die tragenden Argumente 42
      bb) Rechtsprechungsleitlinien 42
      cc) Die Konfrontation im Betrieb als Absage an Sphärengedanken 43
      dd) Die methodische Bewertung der BAG-Rechtsprechung 44
      ee) Zusammenfassung und erste Bewertung 45
5. Alternative Lösungsansätze in der juristischen Literatur 46
   a) Der Vorrang des BetrVG 46
   b) Verdrängungswirkung nur über § 74 Abs. 2 BetrVG 48
   c) Zuordnung zur Suspendierungswirkung des Arbeitskampfes 49
   d) Theorie vom Regelungsanspruch 49
   e) Zwischenergebnis 50

6. Das Überforderungsargument 50
   a) Die Überforderung als objektive Überforderung 50
   b) Grundlegende Kritik in der Literatur 51
   c) Stellungnahme 52
   d) Ergebnis 53
7. Der Grundsatz der Chancengleichheit (die Arbeitskampfparität) 53
   a) Der weite Ansatz des Bundesarbeitsgerichts 54
   b) Chancengleichheit zwischen den Arbeitskampfparteien 55
   c) Arbeitskampfparität und Dritte 56
   d) Der Eingriff in die Chancengleichheit 58
   e) Der Grundsatz der Verhältnismäßigkeit 59
      aa) Der strukturelle Unterschied bei Drittbeziehungen
          im Arbeitskampf 59
      bb) Die Einschränkung des Art. 9 Abs. 3 GG durch das
          BetrVG i.V.m Art. 20 Abs. 1 GG 60
          (1) Die Entscheidung des Bundesverfassungsgerichts
              von 1997 60
          (2) Der Verfassungsrang der Betriebsverfassung 61
          (3) Das Sozialstaatsprinzip als Schranke von
              Art. 9 Abs. 3 GG 62
          (4) Die Parallele zu den Tendenzbetrieben
              (§ 118 BetrVG)? 63
          (5) Der Stellenwert von Betriebsverfassung und
              Tarifordnung 65
          (6) Der Grundgedanke: die praktische Konkordanz 65
          (7) Die Verhältnismäßigkeitsprüfung 67
          (8) Leitgedanken für die Einzelfallprüfung 68
              (a) Wertigkeit von Betriebsverfassung und
                  Tarifvertrags- bzw. Arbeitskampfrecht 68
              (b) Die Intensität des Eingriffs in die Rechtsposition
                  des Betriebsrats 69
              (c) Fortfall des Beteiligungsrechts als ultima ratio 70
              (d) Insbesondere: eine Vereinbarung über die Aus-
                  übung von Beteiligungsrechten im Arbeitskampf 71
   f) Zwischenergebnis: Verhältnismäßigkeit als nachgelagerte
      Prüfung 72

8.	Maßnahmen vor, während und nach dem Arbeitskampf	73
	a) Maßnahmen im Vorfeld und während des Arbeitskampfes	74
	b) Maßnahmen nach dem Streik – insb.: die Streikfolgenkompensation	74
	aa) Das Aufrechterhalten der Maßnahme	75
	bb) Die Streikfolgenkompensation	75
9.	Die Mitbestimmung in unmittelbar arbeitskampfbetroffenen Betrieben	76
	a) Das Informationsrecht des Betriebsrats	76
	b) Das Anhörungsrecht des Betriebsrats	78
	c) Das Beratungsrecht	80
	d) Das Zustimmungsverweigerungsrecht	82
	e) Das Mitbestimmungsrecht	85
10.	Die Mitbestimmung in mittelbar arbeitskampfbetroffenen Betrieben	86
	a) Überblick über die Rechtsprechung	86
	b) Die Arbeitskampfrisikolehre	87
	aa) Voraussetzungen der Arbeitskampfrisikolehre	88
	bb) Die Entwicklung der Arbeitskampfrisikolehre	89
	c) Wirtschaftliche Bedeutung dieser Rechtsprechung	90
	d) Kritik der Anwendung auf § 87 BetrVG	91
	e) Arbeitskampfparität als neue Determinante?	93
	f) Zusammenfassung	94
11.	Annex: Die Mitbestimmung bei Arbeitgeberreaktionen auf einen rechtswidrigen Streik	95

VI. Zusammenfassung der Ergebnisse 97

Literaturverzeichnis 100

I. Einleitung

Das kollektive Arbeitsrecht ist durch zwei unterschiedliche Repräsentationssysteme gekennzeichnet: das Tarifvertragssystem und die Betriebsverfassung. Beide Systeme stehen als kollektive Ordnung des Arbeitsrechts grundsätzlich nebeneinander[1] und weisen einerseits zahlreiche Parallelen, andererseits teilweise gravierende Unterschiede auf, die sich besonders deutlich im Hinblick auf die Zulässigkeit von Arbeitskampfmaßnahmen zeigen: Das Betriebsverfassungsrecht und das Tarifvertragsrecht sind jeweils darauf gerichtet, über Normenverträge das Arbeitsleben zu gestalten. Das Tarifvertragsrecht ist jedoch von dem Gedanken getragen, dass ein Tarifvertrag zwischen den Tarifvertragsparteien ausgehandelt werden soll und hierfür der Arbeitskampf die *ultima ratio* der Tarifverhandlungen darstellt. Dem gegenüber schaltet die Betriebsverfassung die Einigungsstelle als Instrument der Lösung von Interessenkonflikten vor und verbietet den Arbeitskampf im Hinblick auf die Verhandlungen über eine Betriebsvereinbarung (§ 74 Abs. 2 S. 1 BetrVG).[2]

Diese Wertungen führen zu einer bemerkenswerten Konkurrenzsituation. Denn in der Praxis greifen das Betriebsverfassungsrecht und das Tarifvertragsrecht vielfach ineinander. Gewerkschaftsvertreter können Mitglied im Betriebsrat sein. Ein Arbeitgeber kann einerseits Betriebspartner und andererseits Tarifvertragspartner sein. Besonders deutlich wird die Interaktion aber wiederum im Arbeitskampf. Nach der Rechtsprechung des Bundesarbeitsgerichts kann es angezeigt sein, den Betriebsrat nicht oder nur eingeschränkt zu beteiligen, wenn der Arbeitgeber eine beteiligungspflichtige Maßnahme im bzw. während des Arbeitskampfes ergreifen will.[3]

Grundlage dieser Ausnahme, die so nicht im BetrVG vorgesehen ist, ist eine verfassungskonforme Auslegung der Beteiligungsrechte vor dem Hintergrund der Arbeitskampfparität; das Gericht spricht auch von einer arbeitskampfkon-

---

[1] *Fischinger*, MüArbR, § 8 Rn. 3ff.; davon zu trennen ist die Vorrangwirkung des Tarifvertrags, hierzu: *Däubler*, in: TVG, § 1 Rn. 968ff.; *Müller-Glöge*, in: MünchKommBGB, § 611 Rn. 374.
[2] Vgl. auch BT-Drs. VI/1786 S. 33.
[3] Umfassende Nachweise ab S. 32.

formen Interpretation.[4] Voraussetzung war und ist[5], dass der Betrieb unmittelbar vom Arbeitskampf betroffen ist.

Aktuell ist das Problem durch die Entscheidung des BAG vom 20.3.2018 wieder einmal in den Fokus der Wissenschaft gerückt.[6] Auch wenn die Entscheidung höhere Anforderungen an das Verhalten des Arbeitgebers stellt, bestätigt sie die traditionellen Grundlinien. Die Mitbestimmungsrechte können eingeschränkt werden, wenn die Arbeitskampffreiheit des Arbeitgebers durch die Arbeitskampfmaßnahme ernsthaft beeinträchtigt ist.

Das BAG[7] knüpft eine ernsthafte Beeinträchtigung an drei Voraussetzungen: es muss eine kampfbedingte Maßnahme des Arbeitgebers vorliegen (1), diese muss zumindest vorübergebend verhindert werden (2) und durch die Verhinderung muss zusätzlicher Druck auf den Arbeitgeber ausgeübt werden (3).

Die Rechtsprechung des BAG lässt sich bis in die 1970er Jahre zurück rekonstruieren. Eine besondere Dynamik hat die Diskussion allerdings durch zwei Entscheidungen vom 22.12.1980[8] erhalten. Es zeigte sich, dass die Problematik bzw. ihre Lösung auch für mittelbar vom Arbeitskampf betroffene Betriebe unmittelbar Auswirkungen haben kann und nicht nur zum Fortfall der Vergütungsansprüche der Arbeitnehmer nach der Arbeitskampfrisikolehre führen kann. Vielmehr wurde die Arbeitskampfrisikolehre auch herangezogen, um das Mitbestimmungsrecht in sozialen Angelegenheiten selbst zu beschränken.

Dieser „Zangengriff" der Arbeitskampfparität wurde in der Folge noch weiter verschärft, als 1986 § 116 AFG[9], heute: § 160 SGB III, entscheidend modifiziert wurde.[10] Dieser Vorgang[11] führte in der Folge zu einem erheblichen Druck für die mittelbar betroffenen Arbeitnehmer und für die sie vertretenden Gewerk-

---

[4] BAG, Urteil vom 14.2.1978 – 1 AZR 54/76, NJW 1978, 2054; zuletzt: BAG, Beschluss vom 13.12.2011 – 1 ABR 2/10, NZA 2012, 571 (573).
[5] Vgl. die soweit ersichtlich letzte Entscheidung aus der Rechtsprechung: LAG Hamburg, NZA-RR 2018, 551.
[6] BAG, Beschluss vom 20.3.2018 – 1 ABR 70/16, NZA 2018, 1081.
[7] BAG, Beschluss vom 13.12.2011 – 1 ABR 2/10, NZA 2012, 571 (573); bestätigt durch BAG, Beschluss vom 20.3.2018 – 1 ABR 70/16, NZA 2018, 1081 (1084).
[8] BAG, Beschluss vom 22.12.1980 – 1 ABR 2/79 und 1 ABR 76/79, AP GG Art. 9 Arbeitskampf Nr. 70 und Nr. 71, mit gemeinsamer Anmerkung von *Richardi*.
[9] Arbeitsförderungsgesetz vom 25.6.1969, BGBl. I, 582.
[10] Gesetz zur Sicherung der Neutralität der Bundesanstalt für Arbeit bei Arbeitskämpfen v. 15.5.1986, BGBl I, 740.
[11] Hierzu ausführlich: *Kocher/Kädtler/Voskamp/Krüger* S. 18ff.; *Klebe*, in: DKKW, § 87 Rn. 118; *Seiter*, Neutralität, S. 55ff.

schaften: Die Arbeitnehmer erhalten keinen Lohn und keine sozialrechtlichen Leistungen. Das wirft Probleme im Hinblick auf Art. 9 Abs. 3 GG auf Seiten der Gewerkschaften auf[12] und führt dazu, dass die Einführung von Kurzarbeit selbst zu einer Möglichkeit wird, Druck auf den tarifpolitischen Gegenspieler auszuüben.[13] Während der Arbeitgeber bei einer Aussperrung die zahlenmäßigen Vorgaben der Rechtsprechung beachten muss, besteht eine solche rigide Beschränkung hier nicht. Insofern wird auch von einer „kalten Aussperrung" gesprochen.[14] Es wirkt daher nicht Wunder, dass der Verdacht geäußert wird, diese Rechtsprechung werde gezielt eingesetzt, um den Druck im Arbeitskampf zu erhöhen.[15]

Wann Betriebe von Fernwirkungen in der vorliegenden Fragestellung – d.h.: mittelbar oder unmittelbar – betroffen sind, ist schwierig zu beantworten. Denn sowohl im Hinblick auf die Anwendung der Arbeitskampfrisikolehre als auch im Hinblick auf die Reduktion der Mitbestimmungsrechte durch die Arbeitskampfkampfparität herrscht eine wertende Gesamtbetrachtung vor. Gerade im Hinblick auf die geänderten Rahmenbedingungen für die Arbeitskampfrisikolehre wurde früh die Forderung laut, die Rechtsprechung kritisch zu hinterfragen. Nichts anderes deutete sich auch bereits in der Rechtsprechung selbst an.[16]

Dogmatisch fehlt es bis heute an einer klaren Struktur. Die Rechtsprechung hat insbesondere ein Legitimationsproblem. Der Gesetzgeber hat in mehreren Novellen ein außerordentlich ausdifferenziertes Betriebsverfassungsrecht geschaffen. Die Frage, wie sich das BetrVG und das Arbeitskampfrecht zueinander verhalten, wird nur in § 2 Abs. 3 BetrVG abstrakt und in § 74 Abs. 2 BetrVG introvertiert beantwortet. Eine Einschränkung wie in § 118 BetrVG kennt das BetrVG für das Arbeitskampfrecht bzw. Art. 9 Abs. 3 GG hingegen nicht.

In der Literatur wurde dem gegenüber die Herstellung praktischer Konkordanz zwischen arbeitskampfrechtlicher Konfrontation und betriebsverfassungsrecht-

---

[12] Ausführlich: *Kocher/Kädtler/Voskamp/Krüger*, passim; zur Diskussion: *Rolfs*, in: ErfK, § 160 SGB III Rn. 2.
[13] *Hensche*, in: HK-ArbR, Art. 9 GG Rn. 133; kritisch: *Rödl*, in: Arbeitskampfrecht, § 21 Rn. 156ff.
[14] BAG, Beschluss vom 22.12.1980 – 1 ABR 2/79, AP GG Art. 9 Arbeitskampf Nr. 70; *Treber*, in: Schaub, § 194 Rn. 23; *Hensche*, in: HK-ArbR, Art. 9 GG Rn. 133.
[15] *Klebe*, in: DWWK, § 87 Rn. 118; eine statistische Übersicht ist einsehbar auf: https://www.igmetall.de/view_tarifglossar-aussperrung-kalt-516.htm (Stand: Juni 2018).
[16] Vgl. ehem. BAG-Präsident *Kissel*, NZA 1989, 81 (82).

licher Kooperation im konkreten Streitfall gefordert.¹⁷ Die vorliegende Arbeit untersucht daher allgemein die Rechtsstellung des Betriebsrats im Arbeitskampf von Tarifparteien, legt aber den Schwerpunkt auf die Beteiligungsrechte des Betriebsrats. Besonderes Augenmerk soll auch auf den mittelbar betroffenen Betrieb gelegt werden.

Diese Punkte prägen den Gang der Arbeit. Zunächst sollen kurz die Ausgangspunkte mit Art. 9 Abs. 3 GG einerseits und § 74 Abs. 2 BetrVG sowie die Grundgedanken der betrieblichen Teilhabe andererseits erläutert werden. Den Schwerpunkt wird dann die Diskussion der Beteiligungsrechte bilden.

---

17 *Krause*, EzA BetrVG 2001 § 80 Nr. 1; zum Grundsatz der praktischen Konkordanz jüngst wieder: BVerfG, Urteil vom 07.11.2017 – 2 BvE 2/11, NVwZ 2018, 51 (59).

II. Grundgedanken des Betriebsverfassungsrechts

Nach dem heutigen Verständnis zielt das Betriebsverfassungsrecht auf die Gewährleistung der Teilnahme der Arbeitnehmer im Betrieb an den für sie relevanten Fragen und Entscheidungen des Arbeitgebers im Betrieb.[18]
Die zentralen Akteure der Betriebsverfassung sind der Betriebsrat und der Arbeitgeber. Nach heute überwiegend vertretener Ansicht ist der Betriebsrat im Rahmen der Befugnisse des BetrVG teilrechtsfähig und Repräsentant der Belegschaft als Gesamtheit aller Arbeitnehmer im Betrieb.[19] Über die Repräsentation entscheidet kein mitgliedschaftliches System, sondern eine Wahl. Je nach Betrieb kann der Betriebsrat daher aus unterschiedlichen Strömungen, oft Listen, zusammengesetzt sein und mit allgemeiner Legitimation seine Befugnisse nach dem BetrVG wahrnehmen.

Das sog. Betriebsverhältnis[20] zwischen Arbeitgeber und Betriebsrat wird durch die tägliche Zusammenarbeit aktiviert und im Wesentlichen durch die Beteiligungsrechte in den sozialen, personellen und wirtschaftlichen Angelegenheiten formalisiert. In den genannten Bereichen bestehen unterschiedlich stark ausgestaltete Rechte des Betriebsrats. Leitmaxime für die Zusammenarbeit der Betriebspartner ist die vertrauensvolle Zusammenarbeit nach § 2 Abs. 1 BetrVG, die sog. Kooperationsmaxime.

Hinter den Beteiligungsrechten steht der Gedanke, dass im Austausch der Ideen eine Lösung gefunden wird, die den Interessen aller am besten dient. Über das Beteiligungsverfahren wird ein System erzeugt, das die Argumente der Arbeitnehmer einbezieht, betriebliche Entscheidungen einem Begründungszwang unterwirft und über die Teilhabe den sozialen Frieden sichert.[21]

---

[18] *Gamillscheg* II, S. 30, zum Gesamtkontext ab S. 22ff.; *Wiese*, in: GK, Einleitung Rn. 101; FESTL, § 1 Rn. 1 ff.
[19] BAG, Beschluss vom 18.11.2014 – 1 ABR 21/13. NZA 2015, 694; *Weiss*, AuR 1982, 265 (265); ausführlich zu älteren Theorien: *Bergwitz*, S. 235ff.
[20] *Von Hoyningen-Huene*, NZA 1989, 121.
[21] *Von Hoyningen-Huene*, in: MünchArbR § 210 Rn. 4.

In systematischer Hinsicht schränken die Beteiligungsrechte die Rechtsstellung des Arbeitgebers aus seinen Eigentums-, Vertrags- und Besitzrechten ein. Insbesondere die Mitbestimmung in sozialen Angelegenheiten gemäß § 87 BetrVG ist Betriebsrat und Arbeitgeber zu gleichberechtigter Teilhabe überantwortet worden.[22] In diesem Sinne gibt es auch keine Begrenzung der Betriebsratsrechte durch die unternehmerische Entscheidungsfreiheit.[23]

Insgesamt verkörpert das BetrVG einen Lösungsmechanismus für betriebliche Probleme durch Information, Beratung und Verhandlung.

---

[22] Hierzu: *Klocke*, S. 71ff.
[23] BAG, Beschluss vom 31.8.1982 – 1 ABR 27/8, NJW 1983, 953 (954 f.); *Klebe*, in: DKKW, § 87 Rn. 24.

III. Die Arbeitskampffreiheit im Überblick

Das Arbeitskampfrecht konstituiert sich zwischen den Tarifvertragsparteien.[24] Da das BetrVG auf die Teilhabe der Arbeitnehmer an Entscheidungen des Arbeitgebers bezogen ist, sollen im Folgenden die Maßnahmen des Arbeitgebers im Arbeitskampfgeschehen in den Fokus gerückt werden. Da die Angriffsaussperrung aktuell keine Bedeutung im Arbeitskampfgeschehen hat[25], soll der Schwerpunkt auf dem gewerkschaftlichen Streik und den Reaktionsmöglichkeiten des Arbeitgebers liegen.

1. Der Inhalt von Art. 9 Abs. 3 GG

Arbeitskampfrecht und Arbeitskampffreiheit sind auf Art. 9 Abs. 3 GG zurückzuführen. Das gesamte Arbeitskampfrecht findet seinen Ausgangspunkt in der Verfassung. Art. 9 Abs. 3 S. 3 GG bestätigt mittelbar, dass der Arbeitskampf vom Schutzbereich der koalitionsspezifischen Betätigung erfasst ist.[26] Von seiner Struktur her hat der Arbeitskampf die Funktion, das Tarifrecht zu unterstützen.[27]

Der Grundgedanke der Tarifordnung liegt darin, über gleichstarke Verhandlungspartner interessengerechte Arbeits- und Wirtschaftsbedingungen sicherzustellen.[28] Hinter dem damit verfolgten Ordnungsgedanken steht zugleich ein Schutzgedanke. Denn die Arbeitnehmer sind ungleich stärker auf das Tarifvertragsrecht angewiesen. Art. 9 Abs. 3 GG gewährleistet daher in Verbindung mit dem Sozialstaatsprinzip den Schutz der abhängig Beschäftigten im Wege der kollektiven Privatautonomie.[29] Der Gesetzgeber muss strukturelle Rahmenbe-

---

[24] *Richardi/Bayreuther*, § 10 Rn. 18.
[25] Hierzu: *Linsenmaier*, in ErfK, Art. 9 Rn. 236.
[26] *Däubler*, in: Arbeitskampfrecht, § 9 Rn. 12ff.; *Linsenmaier*, in ErfK, Art. 9 Rn. 102; vgl. auch BVerfG, Beschluss vom 26.6.1991 – 1 BvR 779/85, NZA 1991, 809; anders: *Seiter*, Streik und Aussperrung, S. 71ff.
[27] *Brox/Rüthers*, § 1 Rn. 12.
[28] BVerfG, Beschluss vom 26.3.2014 – 1 BvR 3185/09, NZA 2014, 493 (494).
[29] BAG, Urteil vom 14.10.1997 – 7 AZR 811/96, NZA 1998, 778 (779); BAG, Urteil vom 23.3.2011 – 4 AZR 366/09, NZA 2011, 920 (924).

dingungen dafür schaffen, dass Tarifverhandlungen einen fairen Ausgleich auch tatsächlich ermöglichen.[30]

Art. 9 Abs. 3 GG gewährleistet im Ausgangspunkt das Recht des Einzelnen, Koalitionen zu gründen, ihnen beizutreten oder in ihnen zu bleiben.[31] Geschützt ist nach heute nahezu einhelliger Meinung auch das Recht der Koalition selbst, durch spezifisch koalitionsmäßige Betätigung die Arbeits- und Wirtschaftsbedingungen zu wahren und zu fördern. Ferner darf auch der Einzelne innerhalb der Koalition sich koalitionsspezifisch betätigen.[32]

Die kollektive Dimension des Art. 9 Abs. 3 GG schützt alle koalitionsspezifischen Verhaltensweisen. Es verbürgt daher auch die Tarifautonomie, die im Zentrum der den Koalitionen eingeräumten Möglichkeiten zur Verfolgung ihrer Zwecke steht. Das Aushandeln von Tarifverträgen ist ein wesentlicher Zweck der Koalitionen.[33]

Ebenso werden Arbeitskampfmaßnahmen erfasst, die auf den Abschluss von Tarifverträgen gerichtet sind.[34] Das folgt aus der Hilfsfunktion des Arbeitskampfes zur Sicherung der Tarifautonomie. Wenn das Arbeitsleben durch kollektiv-rechtliche Regelungen staatsfern und sinnvoll geordnet werden soll, bedarf es eines Durchsetzungsmechanismusses.[35] Die Wahl der Mittel, die die Koalitionen zur Erreichung dieses Zwecks für geeignet halten, ist grundsätzlich ihnen selbst überlassen.[36]

---

[30] BVerfG, Beschluss vom 24.5.1977 – 2 BvL 11/74, NJW 1977, 2255 (2256); *Däubler*, in Arbeitskampfrecht, § 9 Rn. 9ff.
[31] BVerfG, Beschluss vom 6.2.2007 – 1 BvR 978/05, NZA 2007, 394 (395); BAG, Urteil vom 20.1.2009 – 1 AZR 515/08, NJW 2009, 1990 (1994); vgl. auch *Greiner*, S. 28.
[32] BAG, Urteil vom 20.1.2009 – 1 AZR 515/08, NJW 2009, 1990 (1994).
[33] BVerfG, Urteil vom 11.7.2006, AP GG Art. 9 Nr. 129.
[34] BAG, Urteil vom 11.7.2017 – 1 BvR 1571/15, 1 BvR 1588/15, 1 BvR 2883/15, 1 BvR 1043/16, 1 BvR 1477/16, NZA 2017, 915; BAG, Urteil vom 22.9.2009 – 1 AZR 972/08, AP GG Art. 9 Arbeitskampf Nr. 174.
[35] BAG, Urteil vom 26.7.2016 – 1 AZR 160/14, AP GG Art. 9 Arbeitskampf Nr. 184 Rn. 52.
[36] BAG, Urteil vom 22.9.2009 – 1 AZR 972/08, NJW 2010, 631 zum Flashmob.

2. Die Reaktionen des Arbeitgebers auf einen Streik

Maßnahmen zur Abwehr eines Streiks können ebenso wie der Streik selbst durch Art. 9 Abs. 3 GG geschützt sein.[37] Auf Arbeitgeberseite sind der Arbeitskampf im Verband und der isolierte Arbeitskampf zu trennen. Wird ein Verbandstarifvertrag erkämpft, entscheidet in aller Regel die Mitgliedschaft im Verband. Im Übrigen ist der Arbeitgeber nicht auf eine organisatorische Trägerschaft der Arbeitskampfmaßnahme durch einen Verband angewiesen.

a) Übersicht

Der von einer Arbeitskampfmaßnahme betroffene Arbeitgeber hat mehrere Möglichkeiten, auf einen Arbeitskampf der Gewerkschaften zu reagieren:[38] Er kann den Betrieb fortführen, einmal ohne weitergehende Einschränkungen, einmal durch betriebliche Veränderungen. Er kann sich dem Druck beugen und den Betrieb ganz oder teilweise einstellen (sog. suspendierende Betriebsstilllegung). Darüber hinaus kann der Arbeitgeber aber auch die Beschäftigung und die Entgeltzahlung einstellen, wenn die Beschäftigung entweder tatsächlich unmöglich oder wirtschaftlich unzumutbar geworden ist. Schließlich kann der Arbeitgeber selbst zum Angriff übergehen und Arbeitnehmer aussperren. Diese Punkte sollen im Folgenden näher erläutert werden:

b) Die Aussperrung

Das klassische Arbeitskampfmittel des Arbeitgebers ist die Aussperrung. Aktuell wird sie nicht mehr in der Form der lösenden Aussperrung praktiziert, sondern nur noch in Form der suspendierenden Aussperrung:[39] die Annahme der Arbeitsleistung und die Entgeltzahlung werden verweigert, um Druck auf den tarifpolitischen Gegenspieler auszuüben. Die Aussperrung bewirkt dann, wie der Streik, die Suspendierung der vertraglichen Rechte und Pflichten.

Aktuell ist die Aussperrung nicht im Fokus der praktischen und wissenschaftlichen Diskussion, so dass seit mehreren Jahrzehnten die gleichen allgemeinen

---

[37] *Meyer*, BB 2012, 2753; *Schwarze* hat die Abwehr von Arbeitskampfmaßnahmen sogar als Arbeitskampfmaßnahme eingeordnet, vgl. *Schwarze*, RdA 1993, 265 (269).
[38] Vgl. *Hergenröder*, SAE 2003, 348 (351); umfassend: *Rödl*, in: Arbeitskampfrecht, § 21.
[39] *Hensche*, in: HK-ArbR, Art. 9 GG Rn. 130; zum Begriff: *Linsenmaier*, in ErfK, Art. 9 Rn. 236; BAG, Urteil vom 25.10.1988 – 1 AZR 368/87, NJW 1989, 2076.

Rechtmäßigkeitsanforderungen gestellt werden. Besondere Bedeutung hat der Grundsatz der Verhältnismäßigkeit.[40]

Als Konkretisierungshilfe für den Verhältnismäßigkeitsgrundsatz hat das BAG die sog. Aussperrungsarithmetik herausgebildet,[41] die Indiz- bzw. Richtwerte bereithält, in welchem Umfang ein Arbeitgeber auf einen Streik mit einer Aussperrung reagieren kann. Werden durch den Streikbeschluss weniger als 25% der Arbeitnehmer des Tarifgebietes zur Arbeitsniederlegung aufgefordert, darf die Arbeitgeberseite den Kampfrahmen um bis zu 25% der betroffenen Arbeitnehmer erweitern. Werden mehr als 25% der Arbeitnehmer zum Streik aufgerufen, ist das Bedürfnis der Arbeitgeber geringer, die Aussperrung wird nur noch bis zum Erreichen von 50% der insgesamt vom Arbeitskampf betroffenen Arbeitnehmer als zulässig angesehen.

Tragender Grund für die Rechtsprechung ist, dass dort, wo Abwehraussperrungen in einem Maße eingesetzt werden, durch das die Verhandlungsparität gefährdet oder wieder beseitigt wird, diese nicht erforderlich und proportional sein können.[42] Ausgangspunkt dieser Bewertung ist die suspendierende Wirkung der Aussperrung und die damit einhergehende wirtschaftliche Belastung der streikführenden Gewerkschaften.[43]

c) Exkurs: Die sog. kalte Aussperrung

Keine Arbeitskampfmaßnahme[44], sondern nur die Folge einer Arbeitskampfmaßnahme ist hingegen die sog. kalte Aussperrung.[45] In diesen Fällen zahlt der Arbeitgeber den vom Streik betroffenen, aber arbeitswilligen Arbeitnehmern keinen Lohn, weil die Beschäftigung bzw. eine anderweitige Beschäftigung unmöglich oder unzumutbar ist.[46]

---

[40] BVerfG, Beschluss vom 26.6.1991 – 1 BvR 779/85, NJW 1991, 2549.
[41] BAG, Urteil vom 12.3.1985 – 1 AZR 636/82, NZA 1985, 537; ordnend: *Rödl*, in: Arbeitskampfrecht, § 21 Rn. 33.
[42] BAG, Urteil vom 10.6.1980 – 1 AZR 822/79; BAG, Urteil vom 12.3.1985 – 1 AZR 636/82, NZA 1985, 537 (538).
[43] BAG, Urteil vom 10.6.1980 – 1 AZR 822/79, NJW 1980, 1642.
[44] *Rödl*, in: Arbeitskampfrecht, Nr. 21 Rn. 111.
[45] Zum Begriff: BAG, Urteil vom 7.6.1988 – 1 AZR 597/86, NZA 1988, 890 (891).
[46] BAG, Urteil vom 7.6.1988 – 1 AZR 597/86, NZA 1988, 890; BAG, Urteil vom 13.12.2011 – 1 AZR 495/10, NZA 2012, 995.

Die sog. kalte Aussperrung ist das Ergebnis der Anwendung der Arbeitskampfrisikolehre für unmittelbar und mittelbar von einem Streik betroffene Betriebe.[47] Standen herkömmlich nur mittelbar betroffene Betriebe im Zentrum der Diskussion, hat das BAG 2011 klargestellt, dass die Arbeitskampfrisikolehre auch für unmittelbar kampfbetroffene Betriebe gilt. Andernfalls hätte der unmittelbar kampfbetroffene Arbeitgeber nicht nur das Risiko der arbeitskampfbedingten Betriebsstörung durch den gegen ihn gerichteten Streik, sondern zusätzlich das Risiko der Lohnfortzahlung zu tragen. Durch eine solche Risikoverteilung würde das Kräfteverhältnis der kampfführenden Parteien gestört.[48]

Das BAG hatte diese Befugnis bereits 1988 näher erläutert. Danach stellt die Verweigerung der Lohnzahlung eine rechtsvernichtende Einwendung, aber keine Arbeitskampfmaßnahme dar.[49] Zu einer Taktik im Arbeitskampf, dies war ein naheliegender Einwand im Verfahren, könne diese Befugnis nur dann werden, wenn ihre Voraussetzungen nicht vorlägen. In diesen Fällen könne der Arbeitnehmer allerdings klagen.

Die kalte Aussperrung sieht sich vielfacher Kritik ausgesetzt.[50] Das Ruhen des Beschäftigungs- und Lohnanspruchs führt wirtschaftlich zum gleichen Ergebnis wie eine Aussperrung, doch sind häufig alle bzw. mehr als 50% der Arbeitnehmer im Betrieb von ihr betroffen. Die betroffenen Arbeitnehmer selbst geraten dadurch wirtschaftlich in die gleiche Lage wie bei einer Aussperrung und können gemäß § 160 SGB III keine finanzielle Hilfe durch Kurzarbeitergeld in Anspruch nehmen.

Für den Arbeitgeber ergibt sich nur insofern ein Unterschied zur Aussperrung, als ihm nach der Logik der Rechtsprechung kein kampftaktischer Spielraum zusteht; für Unmöglichkeit oder Unzumutbarkeit der Weiterbeschäftigung besteht ein objektiver Maßstab und beide Kriterien sind darzulegen und gegebenenfalls zu beweisen.

d) Die suspendierende Betriebsstilllegung

Die Einführung der sog. suspendierenden Betriebsstilllegung durch die Rechtsprechung des BAG in den 1990er Jahren hat schnell für großes Aufsehen ge-

---

[47] Klargestellt durch BAG, Urteil vom 13.12.2011 – 1 AZR 495/10, NZA 2012, 995.
[48] BAG, Urteil vom 13.12.2011 – 1 AZR 495/10, NZA 2012, 995.
[49] BAG, Urteil vom 7.6.1988 – 1 AZR 597/86, NZA 1988, 890.
[50] Vgl. *Ögut*, in Arbeitskampfrecht, § 19 Rn. 80ff.

sorgt.⁵¹ Eine suspendierende Stilllegung hat ebenfalls zur Folge, dass auch arbeitswillige Arbeitnehmer ihren Lohnanspruch verlieren. Gegenüber der kalten Aussperrung stellt sie eine Arbeitskampfmaßnahme dar und ist nicht an Unmöglichkeit und Unzumutbarkeit gebunden. Sie ist allerdings nur innerhalb des Rahmens möglich, den der Streikaufruf der Gewerkschaft in gegenständlicher und zeitlicher Hinsicht gesetzt hat.⁵² Insbesondere für mittelbar betroffene Betriebe hat sie daher, anders als die „kalte Aussperrung" in aller Regel keine Bedeutung.

3. Die Stellung des Arbeitgebers

Dass sich der Verband als Koalition auf Art. 9 Abs. 3 GG berufen kann, ist auf der Grundlage der Anerkennung der kollektiven Grundrechtsdimension von Art. 9 Abs. 3 GG heute weitgehend unstreitig. Probleme für den Anwendungsbereich treten indes auf, wenn sich ein Arbeitgeber gegen einen Arbeitskampf zur Wehr setzen will.

Geklärt ist nach der Rechtsprechung, dass der verbandsangehörige Arbeitgeber, der von einem Arbeitskampf betroffen ist, in seiner Reaktionsmöglichkeit durch Art. 9 Abs. 3 GG geschützt wird.⁵³ Allerdings muss in diesen Konstellationen der Struktur von Art. 9 Abs. 3 GG Rechnung getragen werden: Ist der Arbeitgeber in einem Arbeitgeberverband vertreten, so steht nicht ihm, sondern dem Arbeitgeberverband die Entscheidung über die Aussperrung zu.⁵⁴

Ob sich der Arbeitgeber, der nicht verbandszugehörig ist, gegen einen Streik unmittelbar aus Art. 9 Abs. 3 GG zur Wehr setzen kann, ist noch nicht geklärt. Das Bundesarbeitsgericht lässt diese Frage offen, weil die Befugnis zur Aussperrung bereits aus dem geltenden Recht folge.⁵⁵ Ob die Reaktionsmöglichkeiten durch Art. 9 Abs. 3 GG oder anderweitig subjektiv-rechtlich aufgeladen sind, kann hier dahingestellt bleiben. Jedenfalls folgt die Befugnis zu (Gegen-)Reaktionen auf einen Streik aus dem Grundsatz der Chancengleichheit.

---

[51] Grundlegend: BAG, Urteil vom 31. 1.1995 – 1 AZR 142/94, NZA 1995, 958.
[52] BAG, Urteil vom 13.12.2011 – 1 AZR 495/10, NZA 2012, 995.
[53] BAG, Beschluss vom 10.12.2002 – 1 ABR 7/02, NZA 2004, 223; zweifelnd, aber bejahend: *Krause*, EzA BetrVG 2001 § 80 Nr. 1.
[54] BAG, Urteil vom 18.11.2014 – 1 AZR 257/13, NZA 2015, 306 (309); BAG, Urteil vom 31.10.1995 – 1 AZR 217/95, NZA 1996, (390f.)
[55] BAG, Urteil vom 11.8.1992 – 1 AZR 103/92, NJW 1993, 218.

4. Dritte im Arbeitskampf

Das bislang skizzierte System wird der aktuellen Tarif- und Arbeitskampflandschaft nur eingeschränkt gerecht. Arbeitskämpfe um Haus- oder Flächentarifverträge können und werden Auswirkungen auf sog. Dritte haben.[56] Die Frage ist hier deshalb von Interesse, weil es nicht ausgeschlossen ist, die Rechtsbeziehung zum Betriebsrat als eine eigenständige Drittrechtsbeziehung außerhalb des Arbeitskampfes einzuordnen. Auf der Grundlage des Bürgerlichen Rechts ist dies sogar geboten. Denn alle Rechtsverhältnisse sind grundsätzlich abstrakt. Nachfolgend sollen aus diesem unüberschaubaren Problembereich nur die hier interessierenden Punkte kurz illustriert werden.

a) Der Partizipationsstreik

Der Partizipationsstreik richtet sich gegen einen Arbeitgeber, der zwar keinem Arbeitgeberverband angehört, gleichwohl aber kein an der Verbandsauseinandersetzung *unbeteiligter Dritter* ist.[57] Nach der Rechtsprechung des BAG ist Wirksamkeitsvoraussetzung eines Partizipationsstreiks, dass der Außenseiter nicht lediglich faktisch am Ergebnis eines Verbandsarbeitskampfes mehr oder weniger wahrscheinlich teilhat, sondern die Übernahme des umkämpften Verbandstarifvertrags rechtlich gesichert ist.[58]

Diese Anforderung ist erfüllt, wenn ein mit dem Außenseiter vereinbarter Firmentarifvertrag auf näher bezeichnete Verbandstarifverträge dynamisch verweist. Entscheidend für die Einbeziehung des Außenseiters in den Verbandsarbeitskampf ist, dass ein solcher Arbeitgeber durch die Vereinbarung der dynamischen Übernahme des Verbandstarifvertrags auf ein eigenständiges Aushandeln der Arbeitsbedingungen verzichtet hat und stattdessen an der Tarifgestaltung durch den Arbeitgeberverband partizipieren will.[59] Ist der Arbeitskampf dann rechtmäßig, steht der Arbeitgeber wiederum vor der Wahl der oben skizzierten Reaktionsmöglichkeiten.

---

[56] *Seiter*, Streik und Aussperrung, S. 542; oftmals wird der Drittbezug bereits auf der Ebene der Rechtmäßigkeit des Arbeitskampfs thematisiert; zur Diskussion des Streiks in der sog. Daseinsvorsorge: *Green*, passim.
[57] Vgl. *Linsenmaier*, in: ErfK, Art. 9 GG Rn. 121; grundlegend: BAG, Urteil vom 19.6.2012 – 1 AZR 775/10, NZA 2012, 1372; vgl. auch BAG, Urteil vom 19.6.2007 – 1 AZR 396/06, NZA 2007, 1055 zum Unterstützungsstreik.
[58] BAG, Urteil vom 19.6.2012 – 1 AZR 775/10, NZA 2012, 1372 (1377).
[59] BAG, Urteil vom 19.6.2012 – 1 AZR 775/10, NZA 2012, 1372 (1377).

b) Der unbeteiligte Dritte

Die Position rechtlich nicht beteiligter Dritter ist durch mehrere aktuelle Entscheidungen des BAG in den Fokus gerückt. In der Sache ging es in erster Linie um Schadensersatzansprüche nach § 823 Abs. 1 BGB. In seinen Entscheidungen hat das Gericht maßgeblich auf den gewerkschaftlichen Streikaufruf abgestellt und hieraus die sog. Kampfbetroffenheit abgeleitet. In dem Aufruf drücke sich die objektive Stoßrichtung der Kampfmaßnahme aus. Daher stelle der Streik oder der Aufruf hierzu regelmäßig keinen unmittelbaren, betriebsbezogenen Eingriff in das Recht am eingerichteten und ausgeübten Gewerbebetrieb eines drittbetroffenen, kampfunbeteiligten Unternehmens dar.[60]

Auf die Bewertung des Aufrufs durch Externe oder Drittbetroffene kommt es hingegen nicht an. Anderes kann allenfalls gelten, wenn das dem Kampfgegner übermittelte Kampfziel nur in dem Sinn vorgeschoben ist, dass tatsächlich ein mit diesem verbundener Dritter in Anspruch genommen werden soll.[61] Die faktische Betroffenheit genügt für diese Annahme nicht.

Nun ist es zwar so, dass mangels Betriebsunmittelbarkeit i.S.v. § 823 Abs. 1 BGB kein Eingriff in das Unternehmen des Dritten erfolgt ist. Daraus sollte aber nicht der Schluss gezogen werden, dass dies eine umfassende Stärkung des Arbeitskampfrechts gegenüber Dritten darstellt. Das Gegenteil ist der Fall. Es muss im Einzelfall geprüft werden, ob die Rechtsstellung des Dritten betroffen ist oder nicht. Die Lösung fand die Rechtsprechung nicht in Art. 9 Abs. 3 GG, sondern in den Grundsätzen des eingerichteten und ausgeübten Gewerbebetriebs.

c) Zwischenfazit

Bereits an dieser Stelle ist für die Rechtsposition des Betriebsrats aus dem Betriebsverhältnis Augenmaß angesagt. Fällt es einerseits schwer, den Betriebsrat als völlig unbeteiligten Dritten einzustufen – er ist für den Betrieb zuständig –, ist er andererseits gewiss nicht statisch der arbeitskampfführenden Tarifvertragspartei zuzuordnen. Er dient den Interessen des Betriebs (§ 2 Abs. 1 BetrVG) und der Belegschaft (s.o. II.). Im mittelbar bestreikten Betrieb liegt es hingegen nahe, den Betriebsrat einem unbeteiligten Dritten gleichzustellen, weil der Arbeitskampf nicht in dem von ihm repräsentierten Betrieb stattfindet.

---

[60] BAG, Urteil vom 25.8.2015 – 1 AZR 754/13, BAGE 152, 240.
[61] *Bayreuther*, RdA 2016, 181 (182).

IV. Das betriebsverfassungsrechtliche Arbeitskampfverbot

Dieser Gedanke leitet daher zum einfachen Recht und zu § 74 Abs. 2 S. 1 BetrVG über. Nach § 74 Abs. 2 S. 1 HS 1 BetrVG sind Maßnahmen des Arbeitskampfes zwischen Arbeitgeber und Betriebsrat unzulässig; Arbeitskämpfe tariffähiger Parteien werden gemäß dem Halbsatz 2 nicht berührt.

1. Der historische Normzweck

Historisch stand für § 74 Abs. 2 BetrVG die Fortsetzung des Gebots der vertrauensvollen Zusammenarbeit im Mittelpunkt, welches redaktionell über § 2 Abs. 1 BetrVG an den Anfang des BetrVG gestellt wurde. Der Gesetzgeber leitete aus dem Gebot eine umfassende Friedenspflicht zwischen den Betriebspartnern ab. Grund hierfür sollte die Sicherung des geordneten Arbeitsablaufs und des Betriebsfriedens sein. Maßnahmen des Arbeitskampfes sollten den tariffähigen Koalitionen vorbehalten bleiben.[62]

2. Der Begriff der Arbeitskampfmaßnahme

Die historische Zwecksetzung lässt viele Fragen offen. Problematisch ist bereits, dass das einfache Recht den Begriff der Arbeitskampfmaßnahme nutzt und damit einen unmittelbar über Art. 9 Abs. 3 S. 1 GG aufgeladenen Begriff verwendet. Der Begriff bezieht sich jedoch nicht auf bestimmte Arbeitskampfformen, sondern richtet sich bereits gegen die Arbeitskampffreiheit der Betriebsparteien. Verboten ist daher grundsätzlich jede Form der Druckausübung durch Zufügung wirtschaftlicher Nachteile.[63]

---

[62] BT-Drs. VI/1786 S. 46.
[63] *Worzalla*, in: HWGNRH, § 74 Rn. 12; zum Begriff: *Schwarze*, RdA 1993, 264 (267); *Krause*, EzA BetrVG 2001, § 80 Nr. 1; *Heinze*, DB 1982, Beilage 23 S. 5: auf die Qualität kommt es daher nicht an.

Damit ist freilich nicht gesagt, was das Verbot im Einzelfall besagt.[64] Für die Begriffsfassung sollte wie auch sonst das Gebot der vertrauensvollen Zusammenarbeit nach § 2 Abs. 1 BetrVG maßgeblich sein. Nicht jede Verletzung der sog. Kooperationsmaxime kann zugleich eine Arbeitskampfmaßnahme darstellen. Andererseits verbietet die vertrauensvolle Zusammenarbeit zum Wohle des Betriebs die bewusste wirtschaftliche Schädigung des Arbeitgebers.

Für den weiteren Gang des Gutachtens ist der Begriff der Arbeitskampfmaßnahme von der Maßnahme im Arbeitskampf zu trennen. Die Arbeitskampfmaßnahme soll hier dergestalt definiert werden, dass solche Verhaltensweisen erfasst werden, mit denen Druck zur Erreichung eines Verhandlungsziels ausgeübt werden soll (s.o.). Hingegen bezeichnen Maßnahmen im Arbeitskampf Maßnahmen, die durch den Arbeitskampf veranlasst wurden, aber auf ein anderes Ziel als das Tarifergebnis gerichtet sind. Maßnahmen während des Arbeitskampfes sollen schließlich solche Verhaltensweisen erfassen, die auch ohne den Arbeitskampf erfolgt wären.

Die Maßnahmen lassen sich nicht immer klar trennen, daher sollen diese Begriffe als Arbeitsbegriffe verwandt werden. Allein aus den richterrechtlichen Begrifflichkeiten die Lösung von Interessengegensätzen zu folgern, würde dem Problem nicht gerecht.[65]

3. Betriebsvereinbarungen als Gegenstand eines Arbeitskampfs

Die unmittelbare Zielrichtung von § 74 Abs. 2 S. 1 BetrVG ist eindeutig. Arbeitskämpfe scheiden als Mittel zur Erzwingung einer Betriebsvereinbarung aus. Den Betriebspartnern bleibt nur der Gang vor die Einigungsstelle oder vor Gericht.[66] Diesen Weg flankiert das Verbot nach § 74 Abs. 2 S. 1 BetrVG.

---

[64] Zu Recht kritisch mit extensiven Ansätzen in der älteren Literatur: *Kreutz/Jacobs*, in: GK, § 74 Rn. 48.
[65] *Krause*, EzA BetrVG 2001, § 80 Nr. 1.
[66] *Berg*, in: DKKW, § 74 Rn. 16.

4. Tarifvertragliche Regelungen als Gegenstand eines Arbeitskampfs

Das Verbot nach § 74 Abs. 2 S. 1 HS 1 BetrVG beschränkt sich aber nicht allein auf Arbeitskampfmaßnahmen als Mittel für das Aushandeln von Betriebsvereinbarungen. Es wäre ebenso denkbar, dass ein Betriebsrat Arbeitskampfmaßnahmen ergreift, um eine tarifliche Forderung zu unterstützen. Der Arbeitskampf der Koalitionen wird durch den Halbsatz 2 gerade von der Regelung ausgenommen. Insofern stellt sich die Frage, wann § 74 Abs. 2 S. 1 HS 1 BetrVG hier eingreift. In der Literatur wird § 74 Abs. 2 S. 1 BetrVG bejaht, wenn der Betriebsrat gewerkschaftliche Forderungen *unterstützt*.[67]

Mit diesem weiten Begriff ist jedoch wenig gewonnen. Ein Unterstützen kann bereits vorliegen, wenn der Betriebsrat offen Partei für eine tarifpolitische Forderung ergreift oder weitergehend ein Mitbestimmungsrecht nutzt, um die Forderung durchzusetzen oder gar zur Arbeitsniederlegung auffordert. Der zweite Fall führt zu der Frage der Mitbestimmungsrechte im Arbeitskampf und soll später diskutiert werden, so dass offenbleibt, ob das Arbeitskampfverbot Stellungnahmen des Betriebsrats zu tarifpolitischen Forderungen unterbindet. Das ist im systematischen Vergleich zu dem Verbot der politischen Betätigung § 74 Abs. 2 S. 3 BetrVG zu verneinen.[68] Eine tarifliche Forderung begründet noch keine Maßnahme im Arbeitskampf. Erst wenn die Verhandlungen gescheitert sind, kann es überhaupt zu Teilnahmehandlungen an einem Arbeitskampf kommen und selbst dann muss zwischen der Unterstützung einer tariflichen Forderung und dem Arbeitskampf differenziert werden. Teilnahmehandlungen als Betriebsrat an einem gewerkschaftlichen Arbeitskampf sind allerdings unzulässig.[69]

5. Insbesondere: der Ausbau der Neutralitätspflicht

Die Frage der Unterstützung führt zur sog. Neutralität im Arbeitskampf. Im Falle eines Tarifkonflikts zwischen zwei tariffähigen Parteien wird überwiegend angenommen, dass sich der Betriebsrat in diesem Fall neutral verhalten soll.[70]

---

[67] *Worzalla*, in: in: HWGNRH, § 74 Rn. 12f.
[68] *Berg*, in: DKKW, § 74 Rn. 69; näher: *Dietz*, S. 45f.; ausführlich: *Husemann*, passim.
[69] *Berg*, in: DKKW, § 74 Rn. 26.
[70] BAG, Beschluss vom 13.12.2011 – 1 ABR 2/10, NZA 2012, 571; BAG, Urteil vom 25.10.1988 – 1 AZR 368/87, NZA 1989, 353.

Weder dürfe der Betriebsrat die Arbeitnehmer zum Streik oder seiner Unterstützung aufrufen, noch darf er als Betriebsrat dazu auffordern, sich dem Streik nicht anzuschließen.

Diese Pflicht ist in § 74 Abs. 2 S. 1 BetrVG nicht ausdrücklich erwähnt und durch das BAG lediglich vorausgesetzt, nicht aber näher begründet. Da der Betriebsrat ein unabhängiger Repräsentant der Arbeitnehmer ist, kann er nicht der kampfführenden Gewerkschaft zugerechnet werden.[71] Aus Halbsatz 2 folgt zunächst nur, dass trotz möglicher Auswirkungen die Zulässigkeit bzw. Rechtmäßigkeit der Kampfmaßnahme allein nach den Grundsätzen des Arbeitskampfrechts zu bestimmen ist.

Weit verbreitet ist die Begründung, dass das Gebot umfassender Neutralität aus der Gesamtheit der Regelungen des BetrVG folgt.[72] Insbesondere werden die §§ 2, 74 BetrVG betont. Das Gebot der vertrauensvollen Zusammenarbeit gebiete es, sich gegenüber dem Arbeitgeber neutral zu verhalten.[73] Zusammen mit dem Grundgedanken des BetrVG, dass der Betriebsrat Vertreter aller Arbeitnehmer des Betriebs ist, soll der Betriebsrat zur Neutralität im Arbeitskampf zwischen einer Gewerkschaft und dem Arbeitgeber verpflichtet sein.

Rolfs/Bütenfisch führen sogar an, dass das Neutralitätsgebot dem Schutz des Vertrauens der Belegschaft in die objektive und gewerkschaftsneutrale Amtsführung diene.[74] Da sie sich hierbei auf die negative Koalitionsfreiheit der Außenseiter beziehen, dürfte dieses Argument aber aktuell zu vernachlässigen ein.[75]

Zu Recht weisen *Kreutz/Jacobs, Berg* u.a. daher darauf hin, dass eine uneingeschränkte Pflicht zur Neutralität auf der Ebene des einfachen Rechts nicht über den Bereich des § 74 Abs. 2 S. 1 HS 1 BetrVG hinaus begründet werden kann.[76] Das absolute Kampfverbot enthält kein absolutes Neutralitätsgebot. Das wird insbesondere an der Formulierung des Zusammenhangs von Halbsatz 1 und Halbsatz 2 deutlich. Der Regelungsgehalt von Halbsatz 2 leitet sich vom Arbeitskampfverbot ab. Damit stellt die Norm ihre eigene Neutralität in den Mit-

---

71 *Maschmann,* in: Richardi, § 74 Rn. 23; hierzu: *Bergwitz,* S. 421 ff.
72 *Richardi,* RdA 1972, 8 (16); *Rolfs/Bütefisch,* NZA 1996, 17 (18); *Schwarze,* S. 323; eingehend: *Schönhöft/Weyhing,* BB 2014, 762 (762).
73 *Schönhoft/Weyhing,* BB 2014, 762 (763).
74 *Rolfs/Bütefisch,* NZA 1996, 17.
75 Kritisch: *Kempen,* NZA 2005, 185 (187).
76 *Kreutz/Jacobs,* in: GK, § 74 Rn. 51; *Berg,* in: DKKW, § 74 Rn. 23; bereits zuvor: *Kempen,* NZA 2005, 185 (187).

telpunkt. Aus ihr folgt aber wiederum nicht zwingend die umfassende Neutralität des Betriebsrats im Arbeitskampf.

Vielmehr deutet sich eine zurückhaltende Position des Betriebsverfassungsrechts in § 2 Abs. 3 BetrVG an. Wenn die Aufgaben der Verbände durch das BetrVG nicht berührt werden, dann lässt die Norm grundsätzlich auch das freie Aushandeln der Tarifverträge durch die Verbände unberührt. Vollkommen überzeugend ist eine Einschränkung über § 2 Abs. 3 BetrVG aber auch nicht. Die Norm nennt weder den Arbeitgeber, noch lässt sich zwingend ableiten, dass positive oder negative Handlungen des Betriebsrats stets einen Eingriff in die Aufgaben der Verbände darstellen.

Eine über § 74 Abs. 2 S. 1 BetrVG hinausgehende Neutralitätspflicht kann dem BetrVG daher nicht entnommen werden. Jenseits § 74 BetrVG sind vom Betriebsrat nur solche Handlungen zu unterlassen, die ihrerseits eine widerrechtliche Beeinträchtigung von Art. 9 Abs. 3 GG der Gewerkschaften, Arbeitgeber oder Arbeitgeberverbände darstellen.

6. Betriebsrat, Betriebsratsmitglieder und Arbeitgeber als Verbotsadressaten

§ 74 Abs. 2 S. 1 HS 1 BetrVG enthält zwar ein weitreichendes Verbot. Gleichwohl wirkt die Norm nur relativ. Allein im sog. Betriebsverhältnis von Arbeitgeber und Betriebsrat sind alle Formen des Arbeitskampfes verboten. Dritte werden nicht erfasst.

Das Verbot schlägt darüber hinaus auf die einzelnen Mitglieder des Betriebsrats wegen ihrer Mitgliedschaft durch.[77] Der Betriebsrat ist wegen seiner Mitglieder handlungsfähig. Das Verbot betrifft die Mitglieder jedoch nur in ihrer Eigenschaft als solche. Sie können sich als Arbeitnehmer dem Streik durchaus anschließen.[78] Ihre vertraglichen Hauptleistungspflichten werden suspendiert.

---

[77] BAG, Beschluss vom 15.10.2013 – 1 ABR 31/12, AP GG Art. 9 Arbeitskampf Nr. 181, zugleich lehnt das Gericht in dem Beschluss einen Unterlassungsanspruch gegen die Mitglieder ab; *Berg*, in: DKKW, § 74 Rn. 17; ausführlich: *Rolfs/Bütefisch*, NZA 1996, 17; weitergehend: *Seiter*, Streik und Aussperrung, S. 527: Belegschaft und Gewerkschaft, wenn diese eine Betriebsvereinbarung erzwingen wollen.

[78] *Berg*, in: DKKW, § 74 Rn. 28; *Reuter*, AuR 1973, 1 (2 ff.).

V. Die Mitbestimmungs- und Mitwirkungsrechte während des Arbeitskampfes

Von diesen Grundlagen ausgehend, soll nun der Schwerpunkt auf die Frage gelegt werden, was für die Rechtsstellung des Betriebsrats und insbesondere seine Beteiligungsrechte folgt, wenn die Maßnahme des Arbeitgebers in einem Zusammenhang mit einem Arbeitskampf steht.

1. Das Grunddogma: Die Kontinuität des Betriebsrats

Heute entspricht es allgemeiner Auffassung, dass ein Arbeitskampf zwischen Tarifvertragsparteien, auch wenn er im Betrieb stattfindet, grundsätzlich keine Auswirkung auf das Betriebsratsamt oder auf die Arbeit des Betriebsrats hat.[79]

Das Bundesarbeitsgericht hat früh betont, dass die Kontinuität der Betriebsratsarbeit im allgemeinen Interesse und insbesondere auch im Interesse des Arbeitgebers geboten sei;[80] insbesondere wenn es um die Aufrechterhaltung der Ordnung im Betrieb gehe. Der Betriebsrat werde daher keineswegs funktionsunfähig während eines Arbeitskampfes.[81]

In der aktuellen Entwicklung hat das Gericht ein systematisches Argument stärker hervorgehoben. Es hat die Kontinuität des Betriebsrats aus der unvollständigen Kodifikation des Verhältnisses von Arbeitskampf- und Betriebsverfassungsgesetz abgeleitet.[82]

---

[79] BAG, Urteil vom 14.2.1978 – 1 AZR 54/76, BAG, NJW 1978, 2054; jüngst: BAG, Beschluss vom 20.3.2018 – 1 ABR 70/16, NZA 2018, 1081 (1085); LAG Hessen, Beschluss vom 8.9.2016 – 5 TaBV 242/15, NZA-RR 2017, 25 (26); *Berg*, in: DKKW, § 74 Rn. 31; *Wiese*, NZA 1984, 375; *Weiss*, AuR 1982, 265 (266); *Krause*, EzA BetrVG 2001 § 80 Nr. 1; *Worzalla*, in: in: HWGNRH, § 74 Rn. 28; *Berg*, AiB 2019, 41 (41).

[80] BAG, Urteil vom 14.2.1978 – 1 AZR 54/76, AP GG Art. 9 Arbeitskampf Nr. 57; unter Bezugnahme auf BAG, Beschluss vom 21.4.1971 – GS 1/68, AP GG Art. 9 Arbeitskampf Nr. 43.

[81] Vgl. auch die instruktive Aufstellung bei: *Berg*, in: DKKW, § 74 Rn. 40.

[82] BAG, Beschluss vom 13.12.2011 – 1 ABR 2/10, NZA 2012, 571 (573).

2. Die Kontinuität der Beteiligungsrechte

Bereits hieraus kann im Grundsatz gefolgert werden, dass die Beteiligungsrechte im Arbeitskampf bestehen bleiben.[83] Diese treten nicht ohne weiteres zurück oder werden suspendiert. Im Gegenteil, erst wenn ein Sachverhalt Beteiligungsrechte des Betriebsrats auslöst, kann die Frage gestellt werden, wie sich diese zum Arbeitskampfgeschehen verhalten. Das BAG betont daher, dass mögliche Einschränkungen der arbeitskampfrechtlichen Rechtfertigung bedürfen.[84]

3. Die Problemlage

Das führt unmittelbar zum Problem. Denn nach den §§ 87ff. BetrVG können beteiligungspflichtige Maßnahmen entweder Teil des Arbeitskampfgeschehens sein oder gar selbst eine Arbeitskampfmaßnahme des Arbeitgebers darstellen.

Nimmt man als Beispiel[85] die Reaktion des Arbeitgebers auf einen Streik gegen seinen Betrieb, könnte der Arbeitgeber hierauf, sofern im Einzelfall zulässig, entweder mit der Anordnung von Mehrarbeit, der Versetzung von Arbeitnehmern in den bestreikten Betrieb, einer temporären Betriebsstillegung oder der Reduzierung der Arbeitszeit der arbeitswilligen Arbeitnehmer reagieren.

Diese Reaktionsmöglichkeiten sind gegebenenfalls nach § 87 oder § 99 BetrVG mitbestimmungspflichtig. Das bedeutet, dass ein verfahrensloyaler Arbeitgeber jedenfalls im Anwendungsbereich von § 87 BetrVG[86] solange mit der Maßnahme warten muss, bis der Betriebsrat beteiligt wurde. Damit würde ihm aber unter Umständen die Möglichkeit genommen, auf eine Arbeitskampfmaßnahme schnell zu reagieren und Schaden von seinem Betrieb abzuhalten.

Umgekehrt darf nicht übersehen werden, dass der Betriebsrat in diesen Fällen ein ihm gesetzlich zustehendes Recht geltend macht und jede Einschränkung durch das Richterrecht des Arbeitskampfs legitimiert werden muss. Ein berechtigtes Interesse ersetzt noch kein fehlendes Recht auf Arbeitgeberseite.[87]

---

[83] BAG, Beschluss vom 10.12.2002 – 1 ABR 7/02, NZA 2004, 223 (225); BAG, Beschluss vom 13.12.2011 – 1 ABR 2/10, NZA 2012, 571 (573); *Wiese*, NZA 1984, 378 (379).
[84] BAG, Beschluss vom 13.12.2011 – 1 ABR 2/10, NZA 2012, 571 (573).
[85] Gewählt nach *Meyer*, BB 2012, 2753 (2753).
[86] BAG, Beschluss vom 3.5.1994 – 1 ABR 24/93, NJW 1995, 1044; zu § 99 BetrVG ablehnend: BAG, NZA 2009, 1430.
[87] *Dietz* spricht in dieser Konstellation sogar von Pervertierung, vgl. *Dietz*, S. 156.

Allgemein gehalten folgt das Problem daraus, wie das Interesse des Arbeitgebers, im Arbeitskampfgeschehen handlungsfähig zu bleiben, mit den durch den Betriebsrat repräsentierten Interessen der Belegschaft an Teilhabe an den sie berührenden Maßnahmen in einen Ausgleich zu bringen ist.

4. Die Rechtsprechungsentwicklung

So allgemein lässt sich diese Frage allerdings nicht beantworten. Es kommt auf die Lösung des Einzelfalls an. Im folgenden Teil soll daher ein kurzer Überblick über die zentralen Aussagen der Rechtsprechung der letzten fast fünfzig Jahre gegeben werden.

a) Die Einstellung anderer Arbeitnehmer nach lösender Aussperrung

Soweit ersichtlich stammt die erste[88] relevante Entscheidung vom 26.10.1971. In dem Fall ging es um eine Aussperrung als Reaktion des Arbeitgebers auf einen gewerkschaftlichen Streik. Das Gericht führte aus, dass der Arbeitgeber im Fall einer wirksamen lösenden Aussperrung zur Neubesetzung der Arbeitsplätze berechtigt sei, und zwar ohne Rücksicht auf ein etwaiges Mitwirkungsrecht des Betriebsrats. Während eines Streikgeschehens sei der Betriebsrat nicht in der Lage, bei Arbeitgebermaßnahmen wie Einstellungen, Versetzungen und Entlassungen beteiligt zu werden. Mit Rücksicht auf die durch den Arbeitskampf geschaffene Konfrontation zwischen Belegschaft und Arbeitgeber hinsichtlich derartiger personeller Maßnahmen mit ihren Wirkungen auf das Kampfgeschehen werde der Betriebsrat funktionsunfähig, gleichgültig, ob er sich mit seinen Mitgliedern voll oder teilweise oder gar nicht am Streik beteilige.

b) Kampfkündigung gegenüber Mitgliedern des Wahlvorstands und Wahlbewerbern – das Verfahren nach § 103 BetrVG

Am 14. Februar 1978 verneinte das Gericht die Beteiligung des Betriebsrats im Rahmen von § 103 BetrVG, wenn das Arbeitsverhältnis eines Betriebsratsmitglieds, eines Wahlbewerbers oder eines Mitglieds des Wahlvorstands außeror-

---

[88] BAG, Urteil vom 26.10.1971 – 1 AZR 113/68, AP GG Art. 9 Arbeitskampf Nr. 44; bereits zuvor, am 21.4.1971, hatte das BAG in dem Zusammenhang entschieden, dass Betriebsratsmitglieder nur suspendierend ausgesperrt werden dürfen: NJW 1971, 1668 = AP GG Art. 9 Arbeitskampf Nr. 43.

dentlich beendet werden sollte.[89] In der Sache ging es um eine Kündigung als Reaktion auf die Teilnahme an einem rechtswidrigen Streik.

Bei dieser Gelegenheit räumte das Gericht mit der Fehlvorstellung auf, der Betriebsrat werde im Arbeitskampf allgemein funktionsuntüchtig. Die Rechtswirkung beziehe sich auf einzelne Beteiligungsrechte, die durch das Streikgeschehen bedingt seien. Das Gericht hob diesmal darauf ab, dass anderenfalls der Grundsatz der Waffengleichheit beeinträchtigt werde und dieses Ergebnis im Wege einer arbeitskampfkonformen Auslegung geboten sei. Zudem sei der Betriebsrat in dieser Frage wegen Interessennähe *überfordert*.

c) Kampfkündigung gegenüber Arbeitnehmern – Verfahren nach § 102 BetrVG

Ebenso entschied das Gericht an demselben Tag im Fall einer rechtswidrigen Teilnahme an einem sog. wilden Streik. Hierbei entfalle, so das Bundesarbeitsgericht, auch das Anhörungsrecht nach § 102 BetrVG. In dieser Entscheidung bezog sich das Gericht unmittelbar auf solche personellen Maßnahmen, die sich gegen eine rechtswidrige Arbeitskampfmaßnahme richteten.[90] Der Betriebsrat sei in dieser Situation überfordert, eine Stellungnahme zu außerordentlichen Kündigungen aus Arbeitskampfgründen abzugeben.

d) § 102 BetrVG bei verhaltensbedingter Kündigung während eines Arbeitskampfes

1979 musste sich das Gericht mit der Kündigung während eines Streiks wegen nicht befriedigender Arbeitsleistung auseinandersetzen.[91] Die Revision hatte sich maßgeblich auf die Rechtsprechung zur Einschränkung der Beteiligungsrechte während eines Arbeitskampfs gestützt.

Das Gericht erteilte dieser Lösung eine Absage. Eine Einschränkung der Beteiligungsrechte des Betriebsrats sei nicht erforderlich bei personellen Maßnahmen des Arbeitgebers, die zwar während eines Arbeitskampfes getroffen werden, die aber mit der Kampfabwehr nichts zu tun hätten und keine Wirkungen auf

---

[89] BAG, Urteil vom 14.2.1978 – 1 AZR 54/76, BAG, NJW 1978, 2054 = AP GG Art. 9 Arbeitskampf Nr. 57.
[90] BAG, Urteil vom 14.2.1978 – 1 AZR 76/76, AP GG Art. 9 Arbeitskampf Nr. 58.
[91] BAG, Urteil vom 6.3.1979 – 1 AZR 866/77, NJW 1979, 2635.

das Kampfgeschehen entfalteten. In die gleiche Richtung wies ein bereits 1978 ergangenes Urteil.[92]

e) Betriebliche Arbeitszeitverlängerung – § 87 Abs. 1 Nr. 3 BetrVG

Handelte es sich bis dato nur um personelle Maßnahmen, dehnte das Gericht seine Rechtsprechung 1979 auf Maßnahmen aus, die der Mitbestimmung in sozialen Angelegenheiten unterlagen.[93]

In der Sache ging es um die Reaktion des Arbeitgebers auf einen mehrwöchigen Streik: Die Anordnung von Mehrarbeit gegenüber arbeitswilligen Arbeitnehmern sollte nach Ansicht des Gerichts nicht mitbestimmungspflichtig sein. Zur Begründung stellte das Gericht wiederum auf die Chancengleichheit der Arbeitskampfparteien und die Überforderung des Betriebsrats ab.

Das Gericht nutzte die Gelegenheit und präzisierte das Argument hinsichtlich Chancen- und Waffengleichheit. Sachbedingte Voraussetzung der Koalitionsfreiheit sei es, dass keine Partei der anderen ihren Willen aufzwingen dürfe. Die verfassungsrechtlich gewährleistete Tarifautonomie genieße gegenüber den (einfach-gesetzlichen) Mitbestimmungsrechten des Betriebsrats den Vorrang. Zudem diene das BetrVG nicht dazu, eine Seite im Arbeitskampf zu schwächen.

Von zentraler Bedeutung ist, dass das Gericht in der Entscheidung allein auf die Eignung abstellte, die Kampffähigkeit des Arbeitgebers zu beeinflussen. Im vorliegenden Fall könne der Betriebsrat die Reaktion bzw. Maßnahme dadurch verhindern oder hinauszögern, indem er seine Zustimmung versage.

Die Entscheidung ist weitergehend von Bedeutung, weil das Gericht erstmals vertieft zu der Frage Stellung nimmt, ob die bloße Einschränkung der Mitbestimmungsrechte auch bei widerrechtlichen Arbeitskampfmaßnahmen überhaupt in Betracht kommen kann. Im Hinblick auf die vorangegangenen Entscheidungen betont das Bundesarbeitsgericht, dass das Mitbestimmungsrecht bei Maßnahmen des Arbeitgebers zur Abwehr eines von einem Teil der Belegschaft geführten rechtswidrigen Streiks ausscheiden müsse.

Der Betriebsrat müsse sich in der Konfrontation zwischen dem rechtswidrig streikenden Teil der Belegschaft und dem Arbeitgeber für eine der beiden Seiten entscheiden. Ermögliche er durch Zustimmung dem Arbeitgeber eine Abwehr-

---

[92] BAG, Urteil vom 14. 2. 1978 – 1 AZR 154/76, NJW 1979, 233.
[93] BAG, Beschluss vom 24.4.1979 – 1 ABR 43/77, AP GG Art. 9 Arbeitskampf Nr. 63.

maßnahme gegen den Streik, müsse er mit einer Vertrauenseinbuße bei den streikenden Belegschaftsmitgliedern rechnen. Versage er seine Zustimmung, liefe das auf eine Unterstützung des rechtswidrigen Streiks hinaus. In einer solchen Konfliktsituation wäre der Betriebsrat überfordert, seine Mitbestimmungskompetenz sachgerecht wahrzunehmen. Es bestünde zudem die Gefahr, dass der Betriebsrat sein Mitbestimmungsrecht aus Solidaritätserwägungen zugunsten der rechtswidrig streikenden Belegschaftsmitglieder ausübe.

f) Einführung von Kurzarbeit in einem mittelbar betroffenen Betrieb

Am 22.12.1980 ergingen zwei vielbeachtete Entscheidungen des Bundesarbeitsgerichts. Hier nahm das Gericht zu der Frage Stellung, was in Betrieben gelten soll, in denen der Arbeitskampf nicht unmittelbar geführt wird.[94] Den Entscheidungen lagen die Konstellationen zugrunde, in denen in dem Betrieb der Hauptabnehmerin der Arbeitgeberin ein Arbeitskampf geführt wurde und die Arbeitgeberin daraufhin Kurzarbeit einführen wollte. Der Betriebsrat verweigerte seine Zustimmung.

Das Gericht griff nicht auf die sog. arbeitskampfkonforme Auslegung zurück, sondern ging einen anderen Weg: es unterschied zwischen „Ob" und „Wie" der Mitbestimmung. Obgleich in diesem Fall die sog. Arbeitskampfrisikolehre das Mitbestimmungsrecht nach § 87 Abs. 1 Nr. 3 BetrVG beschränke und nicht ausgehandelt werden müsse, bleibe in der Betriebspraxis ein Ermessensspielraum. *„Wie"* die Arbeitszeitregelung aussehen soll, die den Fernwirkungen des Arbeitskampfes Rechnung trägt, richte sich nicht nach Rechtsgrundsätzen, sondern nach Maßstäben der betrieblichen Zweckmäßigkeit und der sozialen Angemessenheit. Darüber müssten die Betriebspartner gemeinsam bestimmen. Das „Ob" hingegen sei durch die Arbeitskampfrisikolehre gesetzlich festgeschrieben.

Das Gericht wandte sich im Übrigen gegen eine Übertragung der Grundsätze und damit gegen eine arbeitskampfkonforme Auslegung des Beteiligungsrechts. Es fehle im Zuliefererbetrieb schon an einer arbeitskampftypischen Konfrontation zwischen Arbeitgeber und Belegschaft. Das Gericht hob hervor, dass ein anderes Unternehmen und ein anderes Tarifgebiet betroffen gewesen seien.

---

[94] BAG, Beschluss vom 22.12.1980 – 1 ABR 2/79 , AP GG Art. 9 Arbeitskampf Nr. 70, und BAG, Beschluss vom 22.12.1980 – 1 ABR 76/79, AP GG Art. 9 Arbeitskampf Nr. 71.

Zudem stellte das Gericht auf die fehlende Eignung ab, den Arbeitskampf zu beeinflussen.

Diese Rechtsprechung betonte das Gericht ebenfalls in der zweiten Entscheidung, auch wenn hier die Konfrontation zwischen Belegschaft und Arbeitgeber größer gewesen sei. Denn es ging um einen Tarifvertrag, der auch im Betrieb des mitbestimmenden Betriebsrats galt. Gleichwohl musste das Gericht konstatieren, dass keine Gefahr für die Vereitelung der Maßnahme bestehe.[95]

g) Die Gestaltung von Werksausweisen

Die nächste wichtige Entscheidung erging am 16.12.1986.[96] In der Sache ging es um die Gestaltung eines Werksausweises, um kenntlich zu machen, dass der Arbeitnehmer nicht von einer Aussperrung betroffen war.

Das Gericht erblickte hierin eine Arbeitskampfmaßnahme im Rahmen einer Tarifauseinandersetzung und trennte deutlich zwischen seiner Rechtsprechung der Mitbestimmung während eines Arbeitskampfes und der Mitbestimmungspflichtigkeit von Arbeitskampfmaßnahmen. In welcher Weise der Arbeitgeber die Aussperrung eines Teils der Belegschaft durchführe, läge allein in seiner Entscheidung und sei daher nicht nach § 87 Abs. 1 Nr. 1 BetrVG mitbestimmungspflichtig.

Interessen der Arbeitnehmer würden durch eine solche Maßnahme nicht berührt. Es war für das Gericht nicht ersichtlich, welche Interessen der Arbeitnehmer an einer Mitgestaltung der betrieblichen Ordnung einer Kennzeichnung der Werksausweise zur Unterscheidung der ausgesperrten Arbeitnehmer von den nicht ausgesperrten Arbeitnehmern entgegenstehen könnten.

h) Betriebsversammlungen während eines Arbeitskampfes

1987 fasste das Gericht im Zusammenhang mit der Frage, ob Betriebsversammlungen während eines Arbeitskampfes stattfinden können, seine Rechtsprechung bis dato zusammen. Das Gericht betonte, dass das Betriebsverfassungsrecht während eines Arbeitskampfes Anwendung findet und dass mögliche Einschränkungen einer besonderen arbeitskampfrechtlichen Einschränkung

---

[95] BAG, Beschluss vom 22.12.1980 – 1 ABR 76/79, AP GG Art. 9 Arbeitskampf Nr. 71.
[96] BAG, Beschluss vom 16.12.1986 – 1 ABR 35/85, NZA 1987, 355.

bedürften.[97] Im Übrigen sei die Fortsetzung des Betriebsratsamts auch im wohlverstandenen Interesse des Arbeitgebers.

Dementsprechend hatte das Gericht keine Probleme mit der Durchführung der Betriebsversammlung. Das Arbeitskampfgeschehen werde nicht beeinflusst und das Zusammentreten der Betriebsversammlung müsse auch im Arbeitskampf gesichert werden.

Im vorliegenden Fall hatten sich am Arbeitskampf nur ca. 15% bis 20% der Arbeitnehmer beteiligt. Nach Ansicht des BAG wäre es deshalb nicht zu rechtfertigen, dem größeren Teil der Arbeitnehmer des Betriebs das Recht auf Zusammentreten in einer Betriebsversammlung zu verweigern.

i) Der mitbestimmungsvorbereitende Auskunftsanspruch

Am 26.1.1988 stellte das Gericht dann klar, dass Auskunftsansprüche per se nicht geeignet seien, die Arbeitskampfparität einzuschränken und daher eine Einschränkung wegen des Arbeitskampfes ausscheiden müsse.[98] Gerichtet war der Auskunftsanspruch auf die Streikbruchprämien und sollte dem Betriebsrat ermöglichen, festzustellen, ob ein Mitbestimmungsrecht nach § 87 Abs. 1 Nr. 10 BetrVG bestand. Der Fall wies allerdings die Besonderheit auf, dass der Arbeitskampf bereits beendet war.

j) Lehrgänge für Streikbrecher – § 98 BetrVG

Im gleichen Jahr, am 10.2.1988, präzisierte das Gericht seine Rechtsprechung hinsichtlich nicht vom Arbeitskampf betroffener Betriebe. Das Gericht stellte nicht auf den Betrieb im Sinne des Betriebsverfassungsrechts ab, sondern bezog seine Rechtsprechung, nach der die Einschränkung der Beteiligungsrechte nur im bekämpften Betrieb in Betracht kommt, auf Betriebe im Sinne des Arbeitskampfrechts.[99] Es trennte Land und Flugbetrieb.

Das Bundesarbeitsgericht sprach der Durchführung einer Schulung von Personal, um auf den arbeitskampfbedingten Ausfall von Arbeitnehmern zu reagieren, die Qualifikation als Arbeitskampfmaßnahme ab. Die Maßnahme diene lediglich der Vorbereitung der Arbeitskampfmaßnahme. Daher bejahte das Gericht den Mitbestimmungstatbestand nach § 98 BetrVG.

---

[97] BAG, Urteil vom 5.5.1987 – 1 AZR 292/85, AP BetrVG 1972 § 44 Nr. 4.
[98] BAG, Beschluss vom 26.1.1988 – 1 ABR 34/86, AP BetrVG 1972 § 80 Nr. 31.
[99] BAG, Beschluss vom 10.2.1988 – 1 ABR 39/86, AP BetrVG 1972 § 98 Nr. 5.

Bemerkenswert ist die dogmatische Justierung: eine Einschränkung der Mitbestimmung des Betriebsrates an der Vorbereitungsmaßnahme kommt nur in Betracht, wenn diese unmittelbar und zwangsläufig zur Folge hätte, dass die Freiheit des Arbeitgebers, Arbeitskampfmaßnahmen zu ergreifen oder Folgen eines Arbeitskampfes zu begegnen, in ihrem Kernbereich beeinträchtigt wäre.

k) Versetzung von Arbeitnehmern zu einem Tochterunternehmen

Mit Beschluss vom 19.2.1991 schränkte das Bundesarbeitsgericht das Zustimmungsverweigerungsrecht des Betriebsrats nach § 99 BetrVG nicht arbeitskampfkonform ein.[100] Der Entscheidung lag die Konstellation zugrunde, dass der abgebende Arbeitgeber (Einzelhandel) sich nicht im Arbeitskampf befand, den Arbeitnehmer aber einem bestreikten Tochterunternehmen (Restaurant im Kaufhaus) überlassen wollte.

Das Bundesarbeitsgericht wiederholte die Formel, dass die Mitbestimmung unmittelbar und zwangsläufig zur Folge haben müsste, dass die Freiheit des Arbeitgebers, Arbeitskampfmaßnahmen zu ergreifen oder Folgen eines Arbeitskampfes zu begegnen, in ihrem Kernbereich beeinträchtigt würde. Der abgebende Arbeitgeber befand sich aber nicht im Arbeitskampf. Dass die Maßnahme die Auswirkungen des Arbeitskampfs mildern sollte, war nicht maßgeblich. Insbesondere unterfiel das Tochterunternehmen einem anderen Tarifvertrag. Dass sich das Restaurant im Warenhaus des Arbeitgebers befand, war daher unerheblich.

l) Gleitzeitregelung in Betriebsvereinbarungen

Am 30.8.1994 hatte der 1. Senat des Bundesarbeitsgerichts[101] über die Regelung in einer Betriebsvereinbarung zu entscheiden, nach der im Betrieb Gleitzeit eingeführt wurde und die die Frage aufwarf, ob die Verrechnung streikbedingter Ausfallzeiten mit Gleitzeitguthaben überhaupt Regelungsgegenstand einer Betriebsvereinbarung sein kann. Es ging somit nicht um die Durchsetzung eines Mitbestimmungsrechts, sondern um die Durchsetzung einer freiwilligen Betriebsvereinbarung.

---

[100] BAG, Beschluss vom 19.2.1991 – 1 ABR 36/90, NZA 1991, 565.
[101] BAG, Beschluss vom 30.8.1994 – 1 ABR 10/94, AP GG Art. 9 Arbeitskampf Nr. 132.

Das Gericht sah unter Bezugnahme auf seine frühere Rechtsprechung keine Probleme bei einer solchen Regelung. Bemerkenswert sind allerdings die Ausführungen zu seiner früheren Rechtsprechung. Das Gericht fasste den Anwendungsbereich sehr weit und stellte maßgeblich auf den Grundsatz der Chancengleichheit ab, der eine Funktionsvoraussetzung der Tarifautonomie sei. Die Rechtsprechung gelte für Vorbereitungshandlungen des Arbeitgebers, für Arbeitskampfmaßnahmen und bei Maßnahmen zur Abwehr von Folgen eines Arbeitskampfs, etwa bei der Anordnung von Überstunden für arbeitswillige Arbeitnehmer während des Streiks, bei der Veränderung der Werksausweise nicht ausgesperrter Arbeitnehmer oder bei arbeitskampfbedingten Einstellungen, Versetzungen und Entlassungen. Hingegen bedürfe es keiner Einschränkung der Beteiligungsrechte des Betriebsrats bei Maßnahmen des Arbeitgebers, die zwar während des Kampfgeschehens getroffen werden, mit der Kampfabwehr aber nichts zu tun haben und keine Wirkungen auf das Kampfgeschehen entfalteten.

Im Hinblick auf die Zulässigkeit der freiwilligen Betriebsvereinbarung betonte das Gericht, dass Art. 9 Abs. 3 GG und der Grundsatz der Arbeitskampfparität auch hier eine Grenze ziehen.

m) Der Unterrichtungsanspruch

Am 10.12.2002[102] musste das Gericht wiederum zu der Bedeutung des Informationsanspruchs des Betriebsrats Stellung nehmen.

Zwar fundierte das Gericht die Betriebsverfassung im Hinblick auf das Demokratie- und Sozialstaatsprinzip verfassungsrechtlich, gleichzeitig bestätigte es aber auch die hohe Bedeutung der Tarifautonomie. Unter Bezugnahme auf die kontroverse Entscheidung aus dem Jahr 1980 betonte das Gericht, die Tarifautonomie habe Vorrang gegenüber Mitbestimmungsrechten des Betriebsrats, die ihre Ausübung behindern würden. Dies gründe in ihrer hohen Bedeutung für das Arbeits- und Wirtschaftsleben unmittelbar aus der Verfassung. Soweit das Mitbestimmungsrecht des Betriebsrats geeignet sei, die Kampffähigkeit des Arbeitgebers zu beeinflussen, müsse es weichen.

Im Hinblick auf den Informationsanspruch betonte das Gericht allerdings, dass dieser den Arbeitgeber nicht daran hinderte, sich in Ausübung seiner durch Art. 9 Abs. 3 GG gewährleisteten Koalitionsfreiheit und damit unabhängig vom

---

[102] BAG, Beschluss vom 10.12.2002 – 1 ABR 7/02, NZA 2004, 223.

Willen des Betriebsrats arbeitskampfbezogen zu betätigen. Die bloße Möglichkeit der rechtswidrigen Verwendung oder Weitergabe der Informationen durch einzelne Betriebsratsmitglieder schließe den Unterrichtungsanspruch nicht aus.

n) Der Sanierungstarifvertrag

Das Problem wird dann erst wieder im Jahr 2007 durch eine Entscheidung des Bundesarbeitsgerichts zur Frage gestreift, ob die §§ 111ff. BetrVG Sperrwirkung gegen die tarifliche Regelung eines Sozialplans entfalteten. Hierfür sah das BAG keinen Grund. Es schloss mit der Bemerkung ab, dass die Frage die Einschränkung der Beteiligungsrechte durch den Arbeitskampf umkehre.[103]

o) Arbeitskampfbedingte Versetzungen

Am 13.12.2011 lockerte das BAG die betriebsbezogene Betrachtung auf und ging zu einer maßnahmen- bzw. beteiligungsrechtsbezogenen Betrachtung über.[104] Gleichwohl betonte das Gericht seine älteren Entscheidungen und leitete die andere Betrachtung eigens für § 99 BetrVG ab.

In der Sache ging es um einen Streik, der einen verbandsangehörigen Lebensmittelgroßhandel mit eigener Logistik erfasste. Die Zentrale und das Logistikzentrum waren eigenständige Betriebe mit eigenem Betriebsrat. Im Zusammenhang mit einer Tarifauseinandersetzung wurde der Logistikbetrieb der Arbeitgeberin bestreikt. Während der insgesamt zwei Streiks versetzte die Arbeitgeberin arbeitswillige Mitarbeiter der Zentrale zum Zwecke der „Streikabwehr" in das Logistikzentrum, die nach Beendigung des Arbeitskampfs wieder an ihre Arbeitsplätze in der Zentrale zurückkehrten. Den Betriebsrat der Zentrale unterrichtete die Arbeitgeberin über die Versetzungen.

Das Bundesarbeitsgericht betonte in dieser Entscheidung die Bedeutung der Arbeitgebermaßnahme für das Kampfgeschehen. Eine Einschränkung der Mitbestimmungsrechte des Betriebsrats während eines Arbeitskampfs habe zu erfolgen, wenn bei deren uneingeschränkter Aufrechterhaltung die ernsthafte Gefahr bestehe, dass der Betriebsrat eine dem Arbeitgeber sonst mögliche Arbeitskampfmaßnahme verhindere und dadurch zwangsläufig zu dessen Nachteil in das Kampfgeschehen eingreife. Das Verfahren nach § 100 BetrVG, die

---

[103] BAG, Urteil vom 24.4.2007 – 1 AZR 252/06, NJW 2007, 3660.
[104] BAG, Beschluss vom 13.12.2011 – 1 ABR 2/10, NZA 2012, 571.

Möglichkeit eine personale Einzelmaßnahme vorläufig zu treffen, genügte dem Gericht nicht, um diese Freiheit zu sichern.

p) Die Anordnung von Mehrarbeit als Reaktion auf einen Warnstreik

2018 entschied das Bundesarbeitsgericht einen Fall zur kurzzeitigen Verlängerung der betriebsüblichen Arbeitszeiten. Gegenstand der Mitbestimmung war die Mehrarbeit an einem Tag, an dem nicht gestreikt wurde, der aber zeitlich vom Streikgeschehen umschlossen war.[105] Sowohl die Information des Betriebsrats als auch die Anordnung der Mehrarbeit selbst bezog sich unterschiedslos auf den Betrieb bzw. alle Arbeitnehmer.

Das BAG bestätigte zwar wiederum eine Rechtsprechung, verlangte aber nun, dass der Arbeitgeber bei der Anordnung der Mehrarbeit dafür Sorge trägt, dass nicht auch die Arbeitnehmer betroffen sind, die dem Streikaufruf Folge leisten. Der Arbeitgeber könne davon ausgehen, dass nur die arbeitswilligen Arbeitnehmer während eines Streiks zur Arbeit erschienen. Dienstplanmäßig eingeteilten Arbeitnehmern werde hingegen nicht ohne weiteres klar, ob die Verlängerung wegen des Arbeitskampfes oder während des Arbeitskampfes erfolge. Insofern entfalle der legitimierende Grund für die Beschränkung des Mitbestimmungsrechts. Der Arbeitgeber müsse die Mehrarbeitsanordnung ausdrücklich auf diejenigen Arbeitnehmer beschränken, die dem Streikaufruf keine Folge leisteten.

Schließlich schloss das BAG es aus, die Grundsätze zu mittelbar betroffenen Betrieben über die Arbeitskampfrisikolehre auf unmittelbar betroffene Betriebe zu übertragen.[106]

---

[105] BAG, Beschluss vom 20.3.2018 – 1 ABR 70/16, NZA 2018, 1081.
[106] BAG, Beschluss vom 20.3.2018 – 1 ABR 70/16, NZA 2018, 1081 (1087) Rn. 53.

q) Zusammenfassung der Rechtsprechungsentwicklung

Diese soeben skizzierte Rechtsprechungsentwicklung gilt es nunmehr zusammenzufassen:

aa) Die tragenden Argumente

Das Bundesarbeitsgericht stützt sich maßgeblich auf zwei Begründungs- bzw. Begrenzungslinien:

- Das sog. Überforderungsargument besagt, dass das Neutralitätsgebot den Betriebsrat im Arbeitskampf regelmäßig „überfordern" würde.[107] Die Ausübung des Mitbestimmungsrechts würde zwangsläufig dazu führen, dass er einer der beiden Kampfparteien Recht geben müsse oder diese unterstützen würde.
- Häufiger wird der Grundsatz der Arbeitskampfparität herangezogen.[108] Die Arbeitskampfparität gebiete eine arbeitskampfkonforme Auslegung des BetrVG.

bb) Rechtsprechungsleitlinien

Will man Rechtsprechungsleitlinien aus der durchaus komplexen Rechtsprechungsentwicklung ableiten, bieten sich – aktuell – folgende Punkte an:

- Tarifautonomie und Betriebsverfassung gehen auf verfassungsrechtliche Grundpositionen zurück.
- Das Gericht hält weiterhin am sog. Überforderungsargument fest. Es positioniert das Argument aber nicht fachlich, sondern im Hinblick auf das Neutralitätsgebot.
- Das Bundesarbeitsgericht differenzierte früher zwischen rechtmäßigem oder rechtswidrigem Streik, hat hierzu aber seit einiger Zeit keine Stellung mehr bezogen.
- Die Einschränkung des Beteiligungsrechts muss erforderlich sein, um die Arbeitskampfparität zu sichern.
- Es kommt nicht mehr auf eine Beeinträchtigung des Kernbereichs der Arbeitskampffreiheit an. Mit der Aufgabe der Kernbereichsformel durch das

---

[107] BAG, Beschluss vom 10.12.2002 – 1 ABR 7/02, NZA 2004, 223.
[108] BAG, Beschluss vom 10.12.2002 – 1 ABR 7/02, NZA 2004, 223.

BVerfG[109] verschwand dieses Kriterium aus der Rechtsprechung des BAG. Erforderlich ist vielmehr eine ernstliche Beeinträchtigung der Parität.
- Grundsätzlich findet die Rechtsprechung nur auf unmittelbar umkämpfte Betriebe Anwendung. Dabei sind die Besonderheiten eines jeden Mitbestimmungsrechts zu berücksichtigen.
- Damit bleibt es auch beim Erfordernis der Konfrontation im Betrieb.

cc) Die Konfrontation im Betrieb als Absage an Sphärengedanken

Es liegt nahe, die Einschränkung der Mitbestimmungsrechte auf einen klaren Lagergedanken Arbeitnehmer – Arbeitgeber zu beziehen. Dem Erfordernis der Betriebsunmittelbarkeit hängt wegen der Betonung der Konfrontation von Belegschaft und Arbeitgeber ein wenig das sog. Sphärenargument an. Das vertritt das Bundesarbeitsgericht jedoch nicht. In seinen Entscheidungen betont das BAG „nur" die Konfrontation von Belegschaft und Arbeitgeber als Grundlage der Einschränkung.[110]

Diese Formel darf daher nicht zu vorschnellen Schlüssen führen. *Weiss* hat zu Recht betont, dass jenseits des Gebots zur vertrauensvollen Zusammenarbeit die Konfrontation zwischen Belegschaft und Arbeitgeber ein Spezifikum der Betriebsverfassung ist.[111] Arbeitnehmerschaft, Betrieb, Betriebsrat und Gewerkschaften sind kein homogenes Gebilde, sondern begründen einen Komplex, der seinerseits von Interessengegensätzen durchzogen sein kann.

Für die folgende Diskussion ist besonders wichtig, dass die Rechtsprechung die sog. Sphärenlösung als Begründungselement aufgegeben hat.[112] Die Bedeutung des Grundsatzes der Arbeitskampfparität bleibt hingegen bestehen.

Daher sind heute Ansätze weitgehend verdrängt, die von rigiden Lagern auf Seiten der Arbeitgeber und Arbeitnehmer ausgehen und auf dieser Grundlage das Handeln des Betriebsrats auf die Seite der kampfführenden Gewerkschaft

---

[109] BVerfG, Beschluss vom 14.11.1995 – 1 BvR 601/92, AP GG Art. 9 Nr. 80; vgl. auch *Linsenmaier*, in: ErfK, Art. 9 GG Rn. 41.
[110] BAG, Beschluss vom 20.3.2018 – 1 ABR 70/16, NZA 2004, 223; für *Jahn* ist die Konfrontation eine Voraussetzung des Paritätsprinzips, vgl. S. 78. Die Konfrontation ist aber weniger eine Frage der Bewegungsfreiheit des Arbeitgebers, als vielmehr ein Problem für die neutrale Wahrnehmung der Beteiligungsrechte durch den Betriebsrat als Repräsentant der Belegschaft.
[111] *Weiss*, AuR 1982, 265 (269).
[112] Hierzu: BAG, Beschluss vom 22.12.1980 – 1 ABR 2/79, AP GG Art. 9 Arbeitskampf Nr. 70.

stellen. Gänzlich aus der Diskussion verschwunden ist die Problematik des Betriebsrats als „Trojanisches Pferd"[113] gleichwohl immer noch nicht.

dd) Die methodische Bewertung der BAG-Rechtsprechung

Stellt das Bundesarbeitsgericht eine Konfrontation im Betrieb fest, ist noch nicht gesagt, dass ein Beteiligungsrecht eingeschränkt wird. Vielmehr stellt sich schon die Frage, wie diese Einschränkung methodisch ermöglicht werden kann.

Das Bundesarbeitsgericht betont regelmäßig, dass es eine arbeitskampfkonforme Interpretation des jeweiligen Beteiligungsrechts vornehme.[114] Diese Bezeichnung wurde früh kritisiert.[115] Das Bundesverfassungsgericht hat den Vorgang vielmehr als eine teleologische Reduktion bezeichnet.[116] Diese Bezeichnung wurde wiederum von *Kreutz/Jacobs* überzeugend dahingehend korrigiert, dass es sich um eine arbeitskampfkonforme Reduktion der Beteiligungsrechte handele.[117] Eine teleologische Reduktion des Beteiligungsrechts aus der Norm selbst scheidet aus, weil ein Beteiligungsrecht auch im Arbeitskampf seinen Sinn behält. Daraus resultiert das Problem ja gerade.[118]

Auf den Begriff der Auslegung abzustellen, verdeckt auch den Blick auf die Grenzen des methodisch Machbaren: Während die Interpretation Rechtsanwendung ist, führt die teleologische Reduktion in die Problematik der Zulässigkeit der Rechtsfortbildung. Richterliche Rechtsfortbildung überschreitet nach der Rechtsprechung des Bundesverfassungsgerichts dann die verfassungsrechtlichen Grenzen, wenn sie deutlich erkennbare, möglicherweise sogar ausdrücklich im Wortlaut dokumentierte gesetzliche Entscheidungen abändert oder ohne ausreichende Rückbindung an gesetzliche Aussagen neue Regelungen schafft.[119]

---

[113] *Reichold*, NZA 2004, 247 unter Bezug auf *Seiter*.
[114] BAG, Beschluss vom 20.3.2018 – 1 ABR 70/16, NZA 2004, 223 (225); BAG, Beschluss vom 13.12.2011 – 1 ABR 2/10, NZA 2012, 571 (573); *Otto*, NZA 1992, 97 (105).
[115] Vgl. nur *Heinze*, DB 1982, Beilage 23 S. 4.
[116] BVerfG, Beschluss vom 7.4.1997 – 1 BvL 11/96, AP GG Art. 100 Nr. 11; auch: FESTL, § 87 Rn. 164.
[117] *Kreutz/Jacobs*, in: GK, § 74 Rn. 71 ff.
[118] Anders: *Hauer*, in jurisPR-ArbR 49/2016 Anm. 4.
[119] BVerfG, Beschluss vom 6.7.2010 – 2 BvR 2661/06, NJW 2010, 3422; BVerfG, Beschluss vom 31.10.2016 – 1 BvR 871/13, 1 BvR 1833/13, NVwZ 2017, 617; zu den Schwierigkeiten im Arbeitsrecht, die maßgeblich die Rechtsprechungsentwicklung begleitet haben: *Kissel*, RdA 1994, 323 (330).

Allerdings geht dieses Verbot nicht soweit, jede Auslegung, die nicht im Wortlaut des Gesetzes vorgegeben ist, zu verbieten. Der Wortlaut des Gesetzes zieht im Regelfall keine starre Auslegungsgrenze, und das BVerfG hat die teleologische Reduktion als *Auslegungs*methode anerkannt.[120]

Für die Beteiligungsrechte müssen die Vorgaben bedeuten, dass ihnen nicht nur die Grundwertung für die Beteiligung innewohnt. Das tut sie ohne Frage. In ihnen müsste auch die Entscheidung angelegt sein, vorbehaltslos im Arbeitskampf Anwendung zu finden. Diese Frage kann indes nicht mit gleicher Gewissheit beantwortet werden. Im Hinblick auf die systematische Vernetzung der Gesamtrechtsordnung ist aber das Argument des Bundesarbeitsgerichts, das BetrVG diene nicht dazu, in den Arbeitskampf einzugreifen[121], nicht ausreichend. Genau dieser Punkt ist erforderlich, um die Einschränkung zu legitimieren und muss seinerseits begründet werden.

Das methodische Vorgehen des Bundesarbeitsgerichts muss sich daher an der Verfassung im Zusammenspiel mit den Argumenten messen lassen, um den Eingriff in den Wortlaut der Beteiligungsrechte zu rechtfertigen. In der letzten Konsequenz verbirgt sich in der Bezeichnung als Auslegung jedoch auch der Hinweis auf eine Einzelfallprüfung des Beteiligungsrechts im Hinblick auf den jeweiligen Lebenssachverhalt bzw. die jeweilige Arbeitgebermaßnahme.

ee)   Zusammenfassung und erste Bewertung

Bevor die Rechtsprechung im Detail untersucht werden soll, sollen an dieser Stelle erste Ergebnisse festgehalten werden. Die Rechtsprechungsentwicklung war trotz einer klaren Tradition keineswegs einheitlich. Insbesondere die unterschiedliche Betonung der Voraussetzungen der Einschränkung der Mitbestimmungsrechte zeugt von einer kritischen Rechtsprechungsentwicklung.

Gleichwohl ist die Rechtsprechung an einem Punkt angelangt, an dem es für den Betriebsrat im Arbeitskampf vorteilhaft ist, ein schwaches Beteiligungsrecht zu haben.

Insbesondere die Entscheidung aus 2011 wirft weitgehende Fragen auf. Sie sprengt das herkömmliche System der unmittelbaren Betriebsbetroffenheit.

---

[120] BVerfG, Beschluss vom 23.5.2016 – 1 BvR 2230/15, 1 BvR 2231/15, NJW-RR 2016, 1366.
[121] Zu weit und methodisch fragwürdig hingegen: BAG, Beschluss vom 24.4.1979 – 1 ABR 43/77, AP GG Art. 9 Arbeitskampf Nr. 63.

Auch eine Verknüpfung des Betriebs mit den Kampfzielen soll nicht erforderlich sein. In der Literatur wird daraus sogar der Schluss gezogen, dass diese Rechtsprechung nicht nur für Arbeitskämpfe um Haustarifverträge, sondern auch um Verbandstarifverträge Bedeutung habe.[122]

Weiter noch ist diese Entscheidung von Bedeutung weil sie die Voraussetzungen eindeutig benennt. Das BAG[123] knüpft eine ernsthafte Beeinträchtigung an drei Voraussetzungen: es muss eine kampfbedingte Maßnahme des Arbeitgebers vorliegen, diese muss zumindest vorübergebend verhindert werden und durch die Verhinderung muss zusätzlicher Druck auf den Arbeitgeber ausgeübt werden.

Andererseits weist die Entscheidung aus 2002[124] in die Richtung, die Beteiligungsrechte soweit aufrecht zu erhalten, wie dies möglich ist. Denn einen Informationsanspruch über eine Maßnahme aufrecht zu erhalten, die man dann nicht beeinflussen kann, ist eher ein Fremdkörper im System der Beteiligungsrechte des BetrVG.[125]

5. Alternative Lösungsansätze in der juristischen Literatur

Im folgenden Abschnitt soll auf weitere, alternative Lösungen eingegangen werden. Ein großer Teil der Literatur lehnt die Rechtsprechung schlicht ab. Andere Autoren erachten eine Einschränkung nur dann für möglich, wenn die Wahrnehmung des Beteiligungsrechts unter das Verbot des § 74 Abs. 2 S. 1 BetrVG fällt. Nach einer dritten, überkommenen Lösung werden die Beteiligungsrechte der Suspendierung der Arbeitspflichten zugeordnet. Eine weitere Spielart greift gedanklich auf die Theorie vom Regelungsanspruch zurück.

a) Der Vorrang des BetrVG

In der Literatur wird die Einschränkung des Beteiligungsrechts durch das Arbeitskampfrecht weitreichend kritisiert. So wird gerade aus dem Dogma der Kontinuität des Betriebsratsamts im Arbeitskampf gefolgert, dass die Beteili-

---

[122] *Achilles*, ZTR 2012, 356 (357).
[123] BAG, Beschluss vom 13.12.2011 – 1 ABR 2/10, NZA 2012, 571 (573); bestätigt durch BAG, Beschluss vom 20.3.2018 – 1 ABR 70/16, NZA 2018, 1081 (1084).
[124] BAG, Beschluss vom 10.12.2002 – 1 ABR 7/02, NZA 2004, 223.
[125] *Hergenröder*, SAE 2003, 348 (351).

gungsrechte bestehen bleiben müssen.[126] Den §§ 2, 74 Abs. 2 S. 1 BetrVG könne entnommen werden, dass eine Beschränkung der Beteiligungsrechte während eines Arbeitskampfes nicht in Betracht komme.[127]

Unter anderem *Weiss* hat darauf hingewiesen, dass das BetrVG wie alle anderen Arbeitsrechtsnormen gerade die rechtlichen Rahmenbedingen für den Arbeitskampf darstellen und nicht zur Disposition des Arbeitgebers im Arbeitskampf gestellt werden darf.[128]

Dieser Hinweis deckt auch einen der weiteren wunden Punkte der Rechtsprechung auf: Wenn das Betriebsverfassungsrecht keine ausdrückliche Einschränkung im Fall eines Arbeitskampfes vorsieht, sind die Gerichte grundsätzlich berufen, Recht und Gesetz nach Art. 20 Abs. 3 GG anzuwenden. Im Hinblick auf das richterrechtliche Arbeitskampfrecht des Bundesarbeitsgerichts hat das Bundesverfassungsgericht jüngst jede Bindung der unteren Instanzen an die Rechtsprechungsgrundsätze abgelehnt, weil es sich hierbei nicht um Rechtssätze i.S.v. Art. 20 Abs. 3 GG handele.[129]

Dieses Argument wird ferner dadurch verstärkt, dass das BetrVG in einigen Fällen explizit die Möglichkeit vorsieht, eine Maßnahme ohne vorherige Beteiligung des Betriebsrats durchzuführen oder auf eine rechtswidrige Ausübung der Beteiligung zu reagieren.[130] Zudem sind die Anforderungen der Normen hoch. Stellt man etwa auf § 100 Abs. 1 BetrVG ab, so setzt die Norm einen sachlichen Grund voraus. Ein solcher Grund liegt nicht schlicht in der Durchführung einer Arbeitskampfmaßnahme, sondern ist dann anzunehmen, wenn ein verantwortungsbewusster Arbeitgeber *im Interesse des Betriebes* alsbald handeln müsste, die geplante Maßnahme also keinen Aufschub verträgt.[131] In die gleiche Richtung weist auch § 115 Abs. 7 Nr. 4 BetrVG.[132]

---

[126] *Lorenz*, in: HKBetrVG, § 74 Rn. 12.
[127] *Klebe*, in: DKKW, § 87 Rn. 116; vgl. die Nachweise bei *Dette*, in: Arbeitskampfrecht, § 20 Rn. 137, und *Jacobs/Kreutz*, in: GK, § 74 Rn. 70.
[128] *Weiss*, AuR 1982, 265 (266f.).
[129] BVerfG, Beschluss vom 15.7.2015 – 2 BvR 2292/13, NJW 2016, 229.
[130] *Klebe*, in: DKKW, § 87 Rn. 116; *Weiss*, AuR 1982, 265 (267); *Reuter*, AuR 1973, 1 (6f.); *Berg*, in: DKKW, § 74 Rn. 33; ausführlich: *Bieback/Mayer*, AuR 1982, 169 (173f.).
[131] FESTL, § 100 Rn. 4f.
[132] BAG, Beschluss vom 3.5.1994 – 1 ABR 24/93, NZA 1995, 40 (42).

b) Verdrängungswirkung nur über § 74 Abs. 2 BetrVG

Ein in der Literatur verbreiteter Ansatz bringt § 74 Abs. 2 BetrVG so in Stellung, dass die Wahrnehmung des Beteiligungsrechts gegenüber dem Arbeitgeber arbeitskampfrelevant sein muss.[133] Nach dem Wortlaut der Norm müsste die Mitbestimmung eine Maßnahme des Arbeitskampfes sein. Hintergrund dieser Lösung ist die Kritik an der Rechtsprechung, das Nebeneinander von Arbeitskampf- und Betriebsverfassungsrecht einseitig zulasten des BetrVG zu durchbrechen. Die Lösung müsse vielmehr im BetrVG gefunden werden.[134]

Teilweise soll es genügen, wenn der Druck durch die Arbeitskampfmaßnahme verstärkt wird oder durch die Beteiligung nicht verringert werden kann.[135] Dies läuft auf eine äußerst problematische Gleichsetzung von Arbeitskampfmaßnahme und Belastung im Arbeitskampf hinaus und kann nur im Einzelfall überhaupt anhand der Intensität begründet werden. *Kreutz/Jacobs* fordern daher einen zusätzlichen Druck, der über die Rechtswirkung bzw. den daraus folgenden Druck des Beteiligungsrechts hinausgeht. Ferner müsse das Kampfziel der Gewerkschaft unterstützt werden.[136]

Diese Lösung hat für sich, dass sie auf dem Boden einfachen Rechts Ergebnisse begründen kann. Zudem wird auch von den die Rechtsprechung ablehnenden Stellungnahmen die Anwendung der Norm für möglich erachtet.[137]

Dieser Lösungsweg hat allerdings dahingehend Probleme, dass § 74 Abs. 2 BetrVG auch solche Maßnahmen für unzulässig erklärt, die keine Relevanz für die Kampfparität haben.[138] Dieser Ansatz ist daher zwar grundsätzlich geeignet, das Problem zu lösen, insbesondere wenn man den Weg des Bundesarbeitsgerichts ablehnt. Zur umfassenden Beantwortung der Problematik taugt die Norm nur bedingt. Sie ist allein für das Betriebsverhältnis von Betriebsrat und Arbeitgeber entworfen und enthält keine allgemeine Aussage zum Konkurrenzverhältnis von Arbeitskampf und Betriebsverfassungsrecht.[139]

---

[133] Vgl. die Nachweise bei: *Kreutz/Jacobs*, in: GK, § 74 Rn. 76; diese Ansicht lehnt das BAG im Beschluss vom 10.12.2002 – 1 ABR 7/02, NZA 2004, 223 (226), ab.
[134] *Heinze*, DB 1982, Beilage 23 S. 5, offensichtlich zu weit dann auf S. 6.
[135] *Wiese*, NZA 1984, 378 (381); dagegen: *Krause*, EzA BetrVG 2001, § 80 Nr. 1.
[136] *Kreutz/Jacobs*, in: GK, § 74 Rn. 76.
[137] Vgl. *Berg*, in: DKKW, § 74 Rn. 32.
[138] *Wiese*, NZA 1984, 378 (380).
[139] *Krause*, EzA BetrVG 2001, § 80 Nr. 1.

c) Zuordnung zur Suspendierungswirkung des Arbeitskampfes

Ein auf den ersten Blick möglicherweise naheliegender dogmatischer Ansatz ist die Ableitung der Reduktion der Beteiligungsrechte aus der Suspendierung der arbeitsvertraglichen Pflichten während des Arbeitskampfs. Fasst man die Beteiligungsrechte bzw. das Betriebsratsamt allein als „Vertragshilfe" auf,[140] liegt es nahe, dass sie das rechtliche Schicksal des Arbeitsvertrags teilen.

Diese Lösung wird aber zu Recht aktuell nicht mehr vertreten. Sie übersieht bereits die kategorische Trennung zwischen Arbeits- und Betriebsverhältnis und ordnet die kollektiven Interessen blindlings den Rechtswirkungen des Vertrags zu. Diese Lösung kann sich daher nicht in das Legitimationskonzept des Betriebsverfassungsrechts einstellen. Die gewerkschaftliche Organisation sagt nichts über eine etwaige konkrete Vertragshilfe durch den Betriebsrat aus. Er wird vielmehr nur dort tätig, wo Tarifverträge nicht oder nicht üblicherweise bestehen (§§ 87, 77 Abs. 3 BetrVG).

d) Theorie vom Regelungsanspruch

Ein weiterer, in der älteren Literatur vertretener Ansatz will dem Arbeitgeber ein Recht zusprechen, die Maßnahme einstweilen durchzuführen und dann im Falle eines gegenteiligen Einigungsstellenspruchs die Pflicht auferlegen, die Beteiligung nachzuholen.[141] Diese Lösung führt zur sog. Theorie vom Regelungsanspruch.[142] Zu § 87 BetrVG ist immer noch die Ansicht populär, die in der Norm nur einen Regelungsanspruch verortet. Für das vorliegende Problem wird dieser Ansatz ebenfalls in Anschlag gebracht.

Allgemein sprechen gegen die Theorie vom Regelungsanspruch der zwingende Charakter des Mitbestimmungsverfahrens und der Umstand, dass das Mitbestimmungsverfahren seinen Sinn verliert, wenn der Arbeitgeber die Maßnahme einfach durchführen kann.[143]

Im Anwendungsbereich des Arbeitskampfrechts steht diese Lösung allerdings unter anderen Vorzeichen. Denn ein Regelungsanspruch ist immer noch besser als gar kein Mitbestimmungsrecht. Insgesamt erscheint die Lösung aber auch nicht zielführend. Denn es bleibt bei dem Problem, dass durch die Durchfüh-

---

[140] *Kempen*, NZA 2005, 185 (187).
[141] *Gamillscheg I*, S. 1283; *Mayer-Maly*, BB 1979, 1305 (1312); kritisch: *Kraft*, FS Müller, 265 (283).
[142] Hierzu: *Adomeit*, NJW 1995, 1004 (1005).
[143] FESTL, § 87 Rn. 599; *Wiese*, in: GK, § 87 Rn. 100; *Heinze*, DB 1982, Beilage 23 S. 13.

rung der Maßnahme betriebliche Tatsachen geschaffen werden und sich verfestigen können. Eine zeitnahe Nachholung läuft dann Gefahr, hierauf nicht mehr reagieren zu können. Insgesamt sollte daher grundsätzlich auch im Bereich der Konkurrenz von Mitbestimmungsrecht und Arbeitskampfrecht von der sog. Theorie der notwendigen Mitbestimmung ausgegangen werden.

e) Zwischenergebnis

Der vorstehende Überblick legt die Probleme der Rechtsprechung offen. Es fehlt an einem stimmigen Gesamtkonzept auf dem Boden des Betriebsverfassungsrechts und der arbeitskampfrechtlichen Prinzipien.

Die Rechtsprechung gerät insofern in ein allgemeines Problemfeld: Insbesondere *Schwarze* hat auf eine bislang unterschätzte Funktion des einfachen Rechts im Hinblick auf die Fortentwicklung des Arbeitskampfrechts hingewiesen. Die Aussagen der Rechtsordnung seien entscheidend, um die arbeitskampfrechtliche Legitimation exakt bestimmen zu können.[144] Dieser Gedanke gilt nicht nur für die Anwendung von Generalklauseln im Arbeitskampfrecht. Vielmehr muss jeder Übergriff auf das Gesetzesrecht legitimiert werden. Daher soll im Folgenden auf die beiden Argumente der Rechtsprechung, das Überforderungsargument und die Arbeitskampfparität, eingegangen werden.

6. Das Überforderungsargument

Neben dem Grundsatz der Chancengleichheit/Kampfparität nimmt die Überforderung des Betriebsrats einen wichtigen Stellenwert für die Begründung der Einschränkung der Beteiligungsrechte ein.

a) Die Überforderung als objektive Überforderung

Das Bundesarbeitsgericht hat diesen Einschränkungsgrund jüngst dahingehend korrigiert bzw. präzisiert, dass es nicht um eine fachliche Überforderung ginge, sondern dass eine arbeitskampfneutrale Wahrnehmung durch den Betriebsrat nicht möglich sei.[145] Zentraler Punkt des sog. Überforderungsarguments ist die

---

[144] *Schwarze*, RdA 1993, 264 (265).
[145] BAG, Beschluss vom 13.12.2011 – 1 ABR 2/10, NZA 2012, 571 (573); *Sura*, NZA-RR 2018, 555 (555).

Unerheblichkeit des Regelungs- bzw. Beteiligungswillens des Betriebsrats.[146] Ganz gleich, wie dieser sich entscheide, entweder stärke er die Arbeitnehmer- oder die Arbeitgeberseite.

Meyer stützt die Rechtsprechung auf eine Parallele zu § 181 BGB.[147] Nach der Norm werde ein Handeln des Vertreters für beide Seiten ausgeschlossen. In gewisser Weise weist diese Parallele jedoch einen anderen Weg. § 181 BGB gestattet eine Ausnahme, wenn der Beweis gelingt, dass kein Interessenkonflikt vorliegt.[148]

b) Grundlegende Kritik in der Literatur

Die Rechtsprechung zum Überforderungsargument bleibt bis heute diffus. Es stellt sich die grundlegende Frage, warum der Betriebsrat durch die Mitbestimmung nicht neutral im Arbeitskampf bleiben kann. Nimmt er die Interessen der Belegschaft wahr, ist es aus der Warte des BetrVG unerheblich, es ist vielmehr der Zweck des Gesetzes. Gerade aus dem BetrVG lässt sich nicht ohne weiteres ein Neutralitätsgebot ableiten. Zudem fehlt es auch an einer Befangenheitsregelung im BetrVG. Der Arbeitgeber kann allenfalls auf § 23 Abs. 1 BetrVG i.V.m. § 2 Abs. 1 BetrVG zurückgreifen. Das setzt aber gerade einen groben Verstoß voraus.

In der juristischen Literatur wird das Überforderungsargument daher weitgehend abgelehnt.[149] Betont wird, dass die Beteiligungsrechte auch während eines Arbeitskampfs neutral wahrgenommen werden können.[150] Vorsorglich müsse man nicht das Beteiligungsrecht suspendieren. Weitergehend weisen u.a. *Koch* und *Bachner* zutreffend darauf hin, dass der Begriff „Überforderung" keine Stütze im Gesetz hat.[151] *Wiese* ist hier noch weiter gegangen und betont, dass mit dem Überforderungsargument schlicht jedes Beteiligungsrecht eingeschränkt werden könnte.[152]

---

[146] BAG, Beschluss vom 13.12.2011 – 1 ABR 2/10, NZA 2012, 571 (573).
[147] *Meyer*, BB 2012, 2753.
[148] *Schäfer*, in: Bamberger/Roth/Hau/Poseck, § 181 Rn. 19.
[149] *Klebe*, in: DKKW, § 87 Rn. 116; *Krause*, EzA BetrVG 2001, § 80 Nr. 1 u.v.m.
[150] *Dette*, in Arbeitskampfrecht § 19 Rn. 137; *Hauer*, in: jurisPR-ArbR 49/2016 Anm. 4.
[151] *Koch*, in APS, § 102 Rn. 15; *Bachner*, in: DKKW, § 102 Rn. 43.
[152] *Wiese*, NZA 1984, 378 (381).

c) Stellungnahme

Das BetrVG vertraut auf die ordnungsgemäße Wahrnehmung der Beteiligungsrechte und kann allenfalls im Ausnahmefall mit § 2 Abs. 1 sowie § 23 Abs. 1 BetrVG auf eine „überforderte" Amtswahrnehmung reagieren. Zudem steht der Arbeitgeber der Überforderung nicht machtlos gegenüber. Gerade im Bereich der Mitbestimmungsrechte kann er ein Einigungsstellenverfahren herbeiführen.[153]

Bereits eingangs des Gutachtens wurde herausgearbeitet, dass das Neutralitätsgebot nur im Rahmen von § 74 Abs. 2 S. 1 BetrVG gewährleistet wird. Insofern bleibt für die Argumentation des Bundesarbeitsgerichts insgesamt nur wenig Spielraum.

Das Überforderungsargument ist freilich schon im Ansatz systemwidrig. Denn auch nach der herrschenden Meinung wird dem Betriebsrat umfassend zugetraut, während eines Arbeitskampfes neutral bleiben zu können. Daher bleibt es bei der Kontinuität des Betriebsratsamts.

Durch das Überforderungsargument wird der Betriebsrat daran gehindert, die betrieblichen Interessen im Hinblick auf die Maßnahme durchzusetzen.[154] Damit wird die Neutralität höher bewertet als die betriebliche Interessenvertretung. Das kehrt nicht nur das Verhältnis von Betriebsratsamt und Neutralität um. Diese Argumentation macht aus einer speziellen Regelung der Zusammenarbeit i.S.v. § 2 Abs. 1 BetrVG eine Anwendungsvoraussetzung des BetrVG.

Entscheidend für die Problematik muss die Beantwortung der Frage sein, warum die Wahrnehmung der Interessen der Belegschaft zwangsläufig bedeutet, dass der Betriebsrat für eine Seite Partei ergreift und – noch wichtiger – dass dieser Umstand dazu führt, dass die Interessen des Betriebsrats bzw. der Belegschaft vollständig ausgeblendet werden dürfen bzw. müssen.[155]

Der Betriebsrat vertritt die Interessen der Belegschaft, die sein Amt durch die Wahl legitimiert hat; er ist ihr Repräsentant.[156] Das Betriebsratsamt erhält seine Legitimation nicht aus dem organisationsrechtlichen Akt eines privatautonom gegründeten Verbandes, sondern aus der Wahl der zu diesem Zweck als soziale

---

[153] *Weiss*, AuR 1982, 265 (268).
[154] ArbG Köln, Beschluss vom 7.10.2008 – 14 BV 113/07, BeckRS 2010, 71619.
[155] So aber: *Seiter*, Streik und Aussperrung, S. 371; daher das Überforderungsargument einschränkend: LAG Köln, Beschluss vom 13.8.2009 – 7 TaBV 116/08 –, juris Rn. 45.
[156] *Richardi*, in: Richardi, Einleitung Rn. 101.

Realität rechtlich verfassten Belegschaft.[157] Unerheblich ist hingegen, ob im Betriebsrat überhaupt eine gewerkschaftliche Vertretungsstruktur angelegt ist.[158] Wahrt der Betriebsrat die Interessen der Belegschaft nicht, ist seine Wiederwahl in Gefahr.[159]

Möglich ist somit nur die Einschränkung im Wege der systematischen Interpretation. Das bedeutet aber auch, dass beide Belange (Beteiligung und Neutralität) gleichberechtigt nebeneinander stehen. Insofern deckt sich das Überforderungsargument mit der Ansicht, die die Einschränkung der Beteiligungsrechte dann vertritt, wenn die Beteiligung zugleich eine Teilnahme am Arbeitskampf i.S.v. § 74 Abs. 2 BetrVG wäre. Methodisch ist dieser Weg für die Lösung des Bundesarbeitsgerichts nicht erträglich, weil er eben voraussetzt, dass die Interessen in einen Ausgleich gebracht werden. Somit endet man zwangsläufig bei einer Interessenabwägung, die auch die Belangte der Belegschaft berücksichtigen muss.

d) Ergebnis

Das sog. Überforderungsargument findet keine Stütze im Gesetz und sollte daher aufgegeben werden. Es überzeugt nicht, die Wahrung der Neutralität zu einer Anwendungsvoraussetzung für die Beteiligungsrechte zu machen. In der Entscheidung des BAG vom 20.3.2018 findet sich denn auch die Feststellung, dass eine weitergehende Beschränkung als durch Art. 9 Abs. 3 GG nicht geboten sei.[160] Ob hiermit ein leiser Abschied vom Überforderungsargument verbunden ist, bleibt abzuwarten.

7. Der Grundsatz der Chancengleichheit (die Arbeitskampfparität)

Neben dem sog. Überforderungsargument kommt der Arbeitskampfparität aus Art. 9 Abs. 3 GG entscheidende Bedeutung zu. In den ersten Entscheidungen, in denen der Grundsatz auftauchte, sprach das Gericht noch vom Grundsatz der

---

[157] *Richardi*, in: Richardi, Einleitung Rn. 101.
[158] *Hergenröder*, SAE 2003, 348 (348).
[159] *Krause*, RdA 2009, 129 (134).
[160] BAG, Beschluss vom 20.3.2018 – 1 ABR 70/16, NZA 2018, 1081 (1085) Rn. 36 a.E.

Waffengleichheit.[161] In den aktuellen Entscheidungen findet sich hingegen die Betonung der Arbeitskampfparität und der Chancengleichheit.[162]

Das Bundesarbeitsgericht prüft diesen Grundsatz aktuell zuerst, was aller Voraussicht nach am Stellenwert des Grundsatzes liegt: Die ganz herrschende Meinung spricht dem Grundsatz der Arbeitskampfparität Verfassungsrang zu.[163]

a) Der weite Ansatz des Bundesarbeitsgerichts

Das Bundesarbeitsgericht[164] bezieht den Grundsatz der Chancengleichheit auf die Arbeitskampffreiheit des Arbeitgebers und knüpft aktuell eine ernsthafte Beeinträchtigung an die bereits oben genannten drei Voraussetzungen. An dieser Stelle interessiert zunächst die erste Voraussetzung: es muss eine kampfbedingte Maßnahme des Arbeitgebers vorliegen.

Eine Einschränkung kann zunächst in Betracht kommen, wenn die Arbeitgebermaßnahme nicht durchgeführt worden wäre, wenn ihr keine Arbeitskampfmaßnahme der Gewerkschaft vorangegangen wäre.[165] Das Gleiche gilt, wenn die Initiative für die Maßnahme vom Arbeitgeber ausgeht und einer Arbeitskampfmaßnahme der Gewerkschaft vorausgeht. Dass darüber hinaus für die Formel entscheidend ist, dass die Arbeitgebermaßnahme auf das Arbeitskampfgeschehen einwirkt, erscheint an dieser Stelle nicht von Bedeutung und sollte der Diskussion der Verhältnismäßigkeit vorbehalten bleiben.[166] Das Bundesarbeitsgericht unterwirft jedenfalls jede Beteiligung an einer Maßnahme dem Paritätstest, wenn sie im Zusammenhang mit einem Arbeitskampf steht.[167]

Insgesamt spricht einiges dafür, den sachlichen Anwendungsbereichs des Grundsatzes der Arbeitskampfparität einzelfallbezogen und wertend zu ermitteln. Das deckt sich auch mit der Rechtsprechung des Bundesarbeitsgerichts im

---

161 BAG, Urteil vom 6.3.1979 – 1 AZR 866/77, AP BetrVG 1972 § 102 Nr. 20 mit Anm. Meisel unter Verweis auf *Reuter*, AuR 1973, 1 (4); aktuell: BVerfG, Beschluss vom 26.3.2014 – 1 BvR 3185/09, NZA 2014, 493.
162 Statt vieler: BAG, Beschluss vom 13.12.2011 – 1 ABR 2/10, AP GG Art. 9 Arbeitskampf Nr. 176.
163 BVerfG, Beschluss vom 26.6.1991 – 1 BvR 779/85, DB 1991, 1678; BAG, Urteil vom 10.9.1985 – 1 AZR 262/84, AP GG Art. 9 Arbeitskampf Nr. 86; *Jahn*, S. 63 m.w.N.
164 BAG, Beschluss vom 13.12.2011 – 1 ABR 2/10, NZA 2012, 571 (573).
165 *Jahn*, S. 80.
166 So aber *Jahn*, S. 80.
167 BAG, Beschluss vom 13.12.2011 – 1 ABR 2/10, NZA 2012, 571.

Übrigen. So findet der Grundsatz beispielsweise auf den sog. Dritten Weg keine Anwendung, weil dieser einem anderen Regelungssystem unterliegt.[168] Für gewerkschaftsinterne Regelungen ist der Grundsatz ebenfalls unerheblich.[169] Im Hinblick auf die durch den Grundsatz gebotene Prüfung spricht jedoch an dieser Stelle nichts dagegen, jede auf den Arbeitskampf zurückgehende Maßnahme der Prüfung anhand des Paritätsgrundsatzes zu unterwerfen.[170] Einem weiten Anwendungsbereich darf nur nicht auf der anderen Seite ein restriktives Verständnis der Belange der Belegschaft entsprechen.

b) Chancengleichheit zwischen den Arbeitskampfparteien

Mit dem potenziell weiten Anwendungsbereich gehen Unsicherheiten über den konkreten Inhalt des Gebots der Arbeitskampfparität einher. Nicht ohne Grund wird der Grundsatz daher auch als Leerformel angegriffen.[171] Entwickelt wurde der Grundsatz anhand des Arbeitskampfes zwischen den Tarifparteien. Ob er ohne Einschränkungen auch gegenüber Dritten herangezogen werden kann, muss gesondert geprüft werden.

In der vielbeachteten Aussperrungsentscheidung vom 10.6.1980 hat das Bundesarbeitsgericht die Chancengleichheit deutlich in die Richtung eines materiellen Verständnisses gelenkt.[172] Das Gericht betonte zunächst, dass die Rechtsordnung keiner Seite so starke Kampfmittel zur Verfügung stellen dürfe, dass dem sozialen Gegenspieler keine gleichwertige Verhandlungschance bleibt.[173] Vergleichbar leitete das Gericht 1993 aus dem Grundsatz ab, dass nicht eine Tarifvertragspartei der anderen von vornherein ihren Willen aufzwingen kann, sondern dass möglichst gleiche Verhandlungschancen bestehen.[174] Daher ist das Gebot grundsätzlich verletzt, wenn der Gegner keine Möglichkeit zur Gegenwehr hat.[175]

---

[168] BAG, Urteil vom 20.11.2012 – 1 AZR 179/11, BAGE 143, 354.
[169] BAG, Urteil vom 17.7.2012 – 1 AZR 567/11, juris.
[170] Insofern überzeugt es nicht (mehr), den Grundsatz auf ein bestimmtes Gebiet zu beziehen. Hierbei handelt es sich nunmehr um einen Punkt im Rahmen der Verhältnismäßigkeitsprüfung, anders: *Jahn*, S. 72ff.
[171] *Jahn*, S. 66ff.
[172] BAG, Urteil vom 10.6.1980, NJW 1980, 1642; hierzu ausführlich: *Jahn*, S. 64ff.; *Jansen*, S. 133ff.
[173] BAG, Beschluss vom 22.12.1980 – 1 ABR 2/79, AP GG Art. 9 Arbeitskampf Nr. 70.
[174] BAG, Urteil vom 13.7.1993 – 1 AZR 676/92, NZA 1993, 1135.
[175] BAG, Beschluss vom 26.6.1991 – 1 BvR 779/85, NZA 1991, 809; *Litschen*, NZA-RR 2015, 57 (60).

Das BAG misst dem Grundsatz jedoch eine doppelte Bedeutung zu. Denn einmal ermöglicht dieser eine typisierende Prüfung des Arsenals der Arbeitskampfmittel. Das Gericht prüft hier nach generellen und abstrakt formulierten Regeln. Situationsbedingte Vorteile, die sich im konkreten Arbeitskampf sehr stark auswirken mögen, bleiben unberücksichtigt. Zweitens erhält der Grundsatz Bedeutung im Rahmen der Verhältnismäßigkeitsprüfung der Arbeitskampfmaßnahme.[176] Eine Maßnahme des Arbeitgebers kann etwa unverhältnismäßig sein, weil er eine Störung der Arbeitskampfparität nicht zu befürchten hat.

c) Arbeitskampfparität und Dritte

Während die Lösung des BAG grundsätzlich einen Ausgleich zwischen den Rechtspositionen der Arbeitskampfgegner zu vermitteln versucht, stellt sich die Frage, ob und wie der Paritätsgrundsatz gegenüber Dritten wirken kann. Der Grundsatz bildet nach der Rechtsprechung den „äußeren Rahmen" für den Arbeitskampf bzw. das Arbeitskampfsystem.[177]

Würde man den Paritätsgrundsatz unreflektiert auf Seiten des Arbeitgebers zur Anwendung bringen, liefe man Gefahr, in *extremo* einen Rückfall in die überkommene Sphärentheorie in einem anderen Gewande zu riskieren. Dessen ungeachtet, wurde der Grundsatz auch gegenüber Arbeitnehmern in Anschlag gebracht, insbesondere bei der Frage der Entgeltfortzahlung zugunsten einzelner Arbeitnehmer.[178]

Bemerkenswert an der Übertragung der Arbeitskampfparität auf Dritte ist, dass anders als beim Ausgleich zwischen den Arbeitskampfparteien insbesondere dem Betriebsrat keine eigene Rechtsposition erwächst. Während eine Koalition nach Art. 9 Abs. 3 GG gegebenenfalls in ihrer Freiheit beschränkt wird, wächst ihr zugleich die Befugnis zu, auf die Maßnahme des Gegners zu reagieren. Diese Rechtswirkung hat die Kampfparität nach der Rechtsprechung des Bundesarbeitsgerichts gegenüber dem Betriebsrat nicht. Vielmehr wird das Mitbestimmungsrecht in den paritätischen Ausgleich zwischen den Kampfparteien ein- bzw. gegebenenfalls untergeordnet. Die Kampfparität führt zur Passivitätspflicht.

---

[176] BAG, Urteil vom 10.6.1980 – 1 AZR 822/79, NJW 1980, 1642 (1651), und BAG, Urteil vom 10.6.1980 – 1 AZR 168/79, NJW 1980,1653 (1653).
[177] BAG, Urteil vom 20.11.2012 – 1 AZR 179/11, BAGE 143, 354.
[178] *Baeck/Winzer/Kramer*, NZG 2015, 1063 (1066).

Dieses Problem hat das Bundesverfassungsgericht in seiner Entscheidung zum Tarifeinheitsgesetz berührt. Das Gericht hat darin klargestellt, dass der Gesetzgeber zur Sicherung der Funktionsfähigkeit der Tarifautonomie nicht nur Regelungen in Kraft setzen kann, die zwischen den Tarifvertragsparteien Parität herstellen. Vielmehr berechtigt Art. 9 Abs. 3 GG den Gesetzgeber auch, Regelungen zum Verhältnis der Tarifvertragsparteien auf einer der beiden Seiten zu treffen, um strukturelle Voraussetzungen dafür zu schaffen, dass Tarifverhandlungen auch insofern einen fairen Ausgleich ermöglichen und in Tarifverträgen mit der ihnen innewohnenden Richtigkeitsvermutung angemessene Wirtschafts- und Arbeitsbedingungen hervorbringen können.[179]

Das BVerfG betont daher weiter, dass zur Funktionsfähigkeit der von Art. 9 Abs. 3 GG geschützten Tarifautonomie nicht nur die strukturelle Parität zwischen Arbeitgeber- und Arbeitnehmerseite gehöre. Zu ihr gehören, wo Gewerkschaften oder Arbeitgeber untereinander konkurrieren, auch Bedingungen der Aushandlung von Tarifverträgen, welche die Entfaltung der Koalitionsfreiheit selbst sichern, indem sie die Voraussetzungen für einen fairen Ausgleich der berührten Interessen schaffen.[180]

Damit ist zwar noch nicht gesagt, dass Art. 9 Abs. 3 GG auch zulasten des Betriebsrats wirken kann bzw. muss, jedoch weist die Entscheidung in die Richtung, dass die Funktionalität des Tarifvertragssystems als Verfassungsbelang auch gegenüber Dritten Bedeutung hat.

Von dieser Warte wäre eine einschränkende Regelung im BetrVG eine solche Regelung auf Seiten des Arbeitgebers. Gleichwohl beantwortet diese Stellungnahme die Frage nur eingeschränkt, da offen bleibt, ob und wenn ja, in welcher Intensität die Beteiligungsrechte eingeschränkt werden müssen, um eine Voraussetzung für einen fairen Ausgleich darzustellen. Für das zu lösende Problem ist dieser Ansatz deswegen erträglich, weil er eine klare Ausrichtung der Diskussion ermöglicht. Selbst wenn die Kampfparität – ihrem Namen zuwider – zulasten Dritter wirkt, muss sie sich gegenüber den Beteiligungsrechten durchsetzen.

---

[179] BAG, Urteil vom 11.7.2017 – 1 BvR 1571/15, 1 BvR 1588/15, 1 BvR 2883/15, 1 BvR 1043/16, 1 BvR 1477/1, NZA 2017, 915.
[180] BAG, Urteil vom 11.7.2017 – 1 BvR 1571/15, 1 BvR 1588/15, 1 BvR 2883/15, 1 BvR 1043/16, 1 BvR 1477/1, NZA 2017, 915.

d) Der Eingriff in die Chancengleichheit

Doch zunächst stellt sich die Frage, ob der Ansatz der „Chancengleichheit" im Hinblick auf die Rolle des Arbeitgebers als Betriebspartner der gesamten Konstellation gerecht wird. Denn bereits die alleinige Verwendung des Begriffs als Argument indiziert die Ausblendung der Belegschaftsinteressen. Das zeigt sich auch bei der Prüfung.

Das BAG vertritt nunmehr in ständiger Rechtsprechung, dass die arbeitsrechtskonforme Auslegung angezeigt ist, wenn die Freiheit des Arbeitgebers, eine Arbeitskampfmaßnahme zu ergreifen, ernsthaft beeinträchtigt würde. Das BAG[181] knüpft eine ernsthafte Beeinträchtigung an die oben eingeführten drei Voraussetzungen:

- es muss eine kampfbedingte Maßnahme des Arbeitgebers vorliegen (Nr. 1),
- diese muss zumindest vorübergehend verhindert werden (Nr. 2) und
- durch die Verhinderung muss zusätzlicher Druck auf den Arbeitgeber ausgeübt werden (Nr. 3).

Es zeigt sich, dass das BAG an dieser Stelle nur den Eingriff in die Arbeitskampffreiheit prüft. Die vermeintlich qualifizierenden Anforderungen sind bei näherer Betrachtung sehr schwach. Ihnen kann nicht die Funktion zugeordnet werden, einen konkordanten Ausgleich der betroffenen Belange zu gewährleisten:

Die erste Voraussetzung ist eine Kausalitätsprüfung und ermöglicht den Zugriff auf das BetrVG. Da das BetrVG die Auflösung des Interessengegensatzes von Belegschaft und Arbeitgeber darstellt, kann diese Lösung überhaupt nur dann durch Richterrecht in Frage gestellt werden, wenn das Arbeitskampfrecht auf die Arbeitgebermaßnahme Anwendung findet.[182]

Für die zweite Voraussetzung können sogar kurze Verzögerungen bereits eine ernsthafte Beeinträchtigung darstellen. Es liegt in der Natur der Sache, dass mit der Einleitung der Beteiligung des Betriebsrats Zeit verloren geht. Gleiches gilt, wenn der Arbeitgeber mit der Durchführung der Maßnahme solange wartet, bis das für das konkrete Beteiligungsrecht erforderliche Mitwirkungshandeln des Betriebsrats erfolgreich abgeschlossen wurde. Nr. 2 ist damit zwingende Folge jeder Beteiligung.

---

[181] BAG, Beschluss vom 13.12.2011, NZA 2012, 571 (573); BAG, Beschluss vom 20.3.2018 – 1 ABR 70/16, NZA 2018, 1081 (1084).
[182] *Krause*, EzA § 80 BetrVG 2001, Nr. 1.

Schließlich ist die dritte Voraussetzung maßgeblich von der Verhinderung der Maßnahme abhängig und wird nach der Logik der Rechtsprechung der zeitlichen Verhinderung nach Nr. 2 folgen. Das BAG stellt hier auf den Druck für den Arbeitgeber ab. Daran ist problematisch, dass es um die Reaktion des Arbeitgebers geht. Der Druck wird durch den Streik erzeugt. Jedes Beteiligungsrecht, das eine Maßnahme gemäß Nr. 2 vorübergehend verhindert, verzögert die Gegenmaßnahme und hält damit den Druck durch die Arbeitskampfmaßnahme aufrecht. Daher führt das dritte Merkmal wiederum nur in den Normalfall der Beteiligung bei der Reaktion auf einen Streik.

Insgesamt zeigt sich, dass die Paritätsprüfung von sich aus Probleme hat, interessengerechte Lösungen zu kreieren. Sie blendet von vornherein die Interessen der Belegschaft aus. Die Rechtsprechung löst das Problem über eine (vermeintliche) Qualifizierung des Eingriffs in die Arbeitgeberfreiheiten. Letztendlich beschreibt die Formel des Bundesarbeitsgerichts nichts anderes als den Regelfall der Rechtswirkung eines Beteiligungsrechts im Arbeitskampf.

e) Der Grundsatz der Verhältnismäßigkeit

Insgesamt macht die Rechtsprechung des Bundesverfassungsgerichts einen weitergehenden Perspektivwechsel in der Diskussion erforderlich. Denn in der Rechtsprechung des BAG fehlt es bislang an einer allgemeinen Struktur für die sog. Schranken-Schranken zugunsten Dritter. Insbesondere geht es darum, einen verhältnismäßigen Ausgleich[183] mit den Belegschaftsinteressen zu finden.

aa) Der strukturelle Unterschied bei Drittbeziehungen im Arbeitskampf

Die Rechtsprechung ist offensichtlich aus einer arbeitskampfbezogenen Perspektive heraus entwickelt worden: verstößt eine Maßnahme gegen den Grundsatz der Arbeitskampfparität, so steht ihre Widerrechtlichkeit fest. Einer weitergehenden Rechtmäßigkeitsprüfung bedarf es nicht mehr. Das ist auch problemlos möglich, weil die Lösung in diesem System in dem Rechtsverhältnis der tarifpolitischen Gegenspieler gefunden wird. Art. 9 Abs. 3 GG findet auf beiden Seiten Anwendung und ermöglicht eine konkordante Lösung.

Im Fall der Beteiligungsrechte ist jedoch mit dem Betriebsverhältnis ein anderes Rechtsverhältnis betroffen. Es ist nicht mehr möglich, die Konstellation im Aus-

---

[183] Zur Wirkung des Verhältnismäßigkeitsprinzips im Privatrecht grundlegend: *Preis*, FS Dieterich, 429.

gleich der durch Art. 9 Abs. 3 GG vermittelten Rechtspositionen zu gewinnen.[184] Obgleich der Grundsatz eine Einschränkung der Beteiligungsrechte begründen kann, läuft diese Lösung Gefahr, als grobes Raster unverhältnismäßig zu sein. Anders gewendet muss das Bundesarbeitsgericht begründen, warum der Grundsatz der Verhältnismäßigkeit zwischen den Arbeitskampfparteien wirkt, nicht aber Dritten zugutekommen soll.

bb) Die Einschränkung des Art. 9 Abs. 3 GG durch das BetrVG i.V.m Art. 20 Abs. 1 GG

Die Fälle allein unter Hinweis auf den Verfassungsrang des Art. 9 Abs. 3 GG zu lösen, wäre zu kurz gegriffen.[185] Der aus Art. 9 Abs. 3 GG abgeleitete[186] Grundsatz der Arbeitskampfparität kann im System des Grundgesetzes nicht schrankenlos gelten. Denn auch wenn Art. 9 Abs. 3 GG vorbehaltlos gewährleistet ist, bedeutet dies nicht eine unbedingte Vorrangstellung von Art. 9 Abs. 3 GG. Beschränkungen der Arbeitskampffreiheit können durch Grundrechte Dritter und andere mit Verfassungsrang ausgestattete Rechte gerechtfertigt sein.[187]

(1) Die Entscheidung des Bundesverfassungsgerichts von 1997

Für die verfassungsrechtliche Bewertung des Problems ist zunächst eine Entscheidung des Bundesverfassungsgerichts von Interesse.[188] Das BVerfG traf 1997 zu der vorliegenden Problematik Feststellungen im Rahmen einer Richtervorlage nach Art. 100 Abs. 1 S. 1 GG. Das vorlegende Arbeitsgericht war der Meinung, dass die Auslegung des § 99 BetrVG durch das Bundesarbeitsgericht nicht mit Art. 9 Abs. 3 GG vereinbar sei.

Die Argumentation mit einem Verstoß gegen Art. 9 Abs. 3 GG ist aus der heutigen Perspektive schief, weil Art. 9 Abs. 3 GG gerade die restriktive Anwendung der Beteiligungsrechte tragen soll und die Norm Rechtswirkungen zugunsten des Beteiligungsrechts entfalten müsste. Man müsste auf das Sozialstaats- und Demokratieprinzip abstellen. Gleichwohl sollte dieser Gedanke nicht vorschnell verworfen werden, weil die Rechtsstellung des BetrVG zwar nicht subjektiv

---

[184] *Preis*, FS Dieterich, 429 (438) unter Hinweis auf Dieterich.
[185] Vgl. hierzu: *Schwarze*, RdA 1993, 264 (265).
[186] BAG, Beschluss vom 13.12.2011 – 1 ABR 2/10, NZA 2012, 571 (573).
[187] BVerfG, Beschluss vom 26.6.1991 – 1 BvR 779/85, AP GG Art. 9 Arbeitskampf Nr. 117; BVerfG, Beschluss vom 8.4.1981 – 1 BvR 608/79, BVerfGE 57, 70 (98 f.)
[188] BVerfG, Beschluss vom 7.4.1997 – 1 BvL 11/96, NZA 1997, 773; vgl. auch ArbG Hamburg, Beschluss vom 20.5.1996 – 6 BV 21/95, BeckRS 1996, 30853111.

vom Schutz des Art. 9 Abs. 3 GG profitiert, die Betriebsverfassung aber dennoch ein Teil der Arbeits- und Wirtschaftsbedingungen i.S.v. Art. 9 Abs. 3 GG ist.

Das Bundesverfassungsgericht erachtete die Vorlage für unzulässig. Nach Ansicht des Gerichts hatte sich das Arbeitsgericht nicht mit der Frage der teleologischen Reduktion des § 99 BetrVG auseinandergesetzt. Denn dass der Wortlaut der Norm das Ergebnis der Rechtsprechung nicht decke, sei für eine teleologische Reduktion gerade maßgeblich. Insbesondere fehlten dem Gericht Ausführungen, warum eine einschränkende Auslegung des § 99 Abs. 1 BetrVG nach Sinn und Zweck des Betriebsverfassungsgesetzes nicht möglich sein soll. Das sei umso weniger verständlich, als das Gericht die Verfassungswidrigkeit der uneingeschränkten Geltung der Vorschrift auf die gleiche Weise begründe wie die herrschende Meinung ihr Auslegungsergebnis.

Welche Konsequenzen sind nun mit dem Beschluss verbunden? Das Bundesarbeitsgericht ordnet diese Entscheidung als Billigung seiner Rechtsprechung ein.[189] Richtigerweise ist mit der Entscheidung keine dahingehende Aussage verbunden, weil die Begründung der Vorlage formell nicht ordnungsgemäß war.[190] Es fehlt zudem an einer umfassenden verfassungsrechtlichen Bewertung des Spannungsverhältnisses zwischen Belegschaftsinteressen und Arbeitskampffreiheit. Aus der Entscheidung ist nur zu entnehmen, dass das Bundesverfassungsgericht offensichtlich nicht von Rechtsanwendung, sondern von Rechtsfortbildung durch die Arbeitsgerichte ausgeht.

(2) Der Verfassungsrang der Betriebsverfassung

Insofern ist in einem ersten Schritt dem Verfassungsrang des Arbeitskampfrechts der Verfassungsrang des Repräsentationssystems nach dem BetrVG gegenüberzustellen.

Die Gesetzgebungskompetenz nach Art. 74 Nr. 12 GG allein sagt über den Verfassungsrang noch nichts aus.[191] Das Bundesarbeitsgericht stützt die Beteiligungsrechte verfassungsrechtlich vielmehr auf das Sozialstaats- und das Demokratieprinzip.[192] Aus diesen folge das Recht der Arbeitnehmer auf Teilhabe an

---

[189] BAG, Beschluss vom 10.12.2002 – 1 ABR 7/02, NZA 2004, 223; vgl. auch: *Kreutz/Jacobs*, in: GK, § 74 Rn. 70, und *Sura*, NZA-RR 2018, 555 (555).
[190] *Däubler*, EWiR 1997, 1019 (1020).
[191] Hierzu instruktiv: *Ulber*, RdA 2015, 288.
[192] BAG, Beschluss vom 1.2.2011 – 1 ABR 79/09, NZA 2011, 703 (705); BAG, Beschluss vom 22.5.2012 – 1 ABR 7/11, NZA-RR 2013, 78 (79).

den sie betreffenden Angelegenheiten. Der Betriebsrat soll die Gelegenheit erhalten, die kollektiven Interessen der Belegschaft gegenüber dem Arbeitgeber geltend zu machen.

Vor diesem Hintergrund hat das Bundesarbeitsgericht 2002 grundlegend[193] herausgearbeitet, dass dieses Teilhaberecht auch im Arbeitskampf Beachtung verlangen kann, soweit dadurch nicht höherrangige Rechtspositionen vereitelt werden. Die Rechtsordnung verlange die Herbeiführung einer möglichst weitgehenden Konkordanz beider Rechtsmaterien und deren wechselseitige Berücksichtigung.[194]

So wichtig diese Ausführungen für das System der arbeitskampfkonformen Interpretation der Beteiligungsrechte sind, so berechtigt ist etwa die Kritik von *Krause*, dass die hieraus folgenden Konsequenzen in der Entscheidung nur unvollkommen herausgearbeitet wurden.[195]

(3) Das Sozialstaatsprinzip als Schranke von Art. 9 Abs. 3 GG

Daher sind das Demokratie- und das Sozialstaatsprinzip in den Blick zu nehmen. Im Hinblick auf das Sozialstaatsprinzip ist zunächst festzuhalten, dass Art. 9 Abs. 3 GG selbst in der Rechtsprechung des BAG keineswegs immer Vorrang hat. Das Bundesarbeitsgericht hat zu § 10 BUrlG a.f. dem Sozialstaatsprinzip den Vorrang eingeräumt, obgleich Art. 9 Abs. 3 GG in dem betroffenen Bereich eine besonders große Wirkkraft zukommen sollte.[196]

Gemeinhin wird betont, dass das Sozialstaatsprinzip wegen seiner Offenheit keine immanente Grundrechtsschranke sei.[197] Ungeachtet der fraglichen Allgemeingültigkeit dieser Aussage, hat diese Ansicht für das vorliegende Problem keine Auswirkung. Denn der Gesetzgeber hat mit der Mitbestimmungsordnung von seiner Legitimationsbasis in Art. 74 Nr. 12, 20 GG Gebrauch gemacht.[198] Die

---

[193] Bereits zuvor etwa: *Kempen*, AuR 1986, 129.
[194] BAG, Beschluss vom 10.12.2002 – 1 ABR 7/02, NZA 2004, 223.
[195] *Krause*, EzA § 80 BetrVG 2001, § 80 Nr. 1.
[196] BAG, Beschluss vom 3.4.2001 – 1 BvL 32/9, NZA 2001, 777; vgl. auch BAG, Beschluss vom 27.4.1999 – 1 BvR 2203/93 und 1 BvR 897/95, NZA 1999, 992.
[197] *Fischinger*, in MünchArbR, § 6 Rn. 7; *Richardi*, in: Richardi, Einleitung Rn. 48; vgl. aber: *Linsenmaier*, in ErfK, Art. 9 GG Rn. 49.
[198] *Richardi*, in Richardi, Einleitung Rn. 47: Legitimationsbasis.

Rechtsprechung greift durch die arbeitskampfkonforme Auslegung in dieses Gesetz rechtsfortbildend ein.[199]

Insofern muss der Eingriff in das Recht an dem konkreten Inhalt gemessen werden. Art. 9 Abs. 3 GG fungiert in diesem Fall einerseits als Legitimation für die Rechtsprechung und andererseits als Schranke der Verwirklichung von Art. 20 GG.

Dieser Gedanke nimmt Kontur an, dreht man die Richtung der Betrachtung. Aus der Perspektive des Arbeitskampfs stellt das Beteiligungsrecht eine Ausgestaltung des Arbeitskampfrechts dar.[200] Das Beteiligungsrecht beschränkt dann die Arbeitskampffreiheit. Es muss folglich ein einheitlicher Maßstab für beide Perspektiven gelten.

(4)   Die Parallele zu den Tendenzbetrieben (§ 118 BetrVG)?

Es bietet sich daher ein systematischer Vergleich mit § 118 BetrVG an. Das BetrVG kennt mit § 118 BetrVG eine Regelung, die einen Ausgleich zwischen Beteiligungssystem einerseits und besonderem Grundrechtsschutz andererseits auflöst.

So hat das Bundesverfassungsgericht zu § 118 BetrVG wiederholt vertreten, dass die Regelung keine Beschränkung, sondern eine Ausgestaltung der Pressefreiheit darstellen soll. Die älteren Entscheidungen des Bundesverfassungsgerichts waren eindeutig davon getragen, die Bedeutung der Implikationen von Art. 20 GG zurückzudrängen.[201] Das Gericht hat betont, dass soweit für die Auslegung grundrechtsgestaltender Regelungen auch das Sozialstaatsprinzip heranzuziehen sei, dies nicht in eine Beschränkung des Grundrechts auf Presse- und Rundfunkfreiheit umschlagen dürfe.[202]

Hinter dieser Unterscheidung verbirgt sich ein wichtiger Unterschied zur vorliegenden Problematik. Denn die Entscheidungen waren von dem Gedanken getragen, dass es bei einer grundrechtsausgestaltenden Regelung hinsichtlich Auslegung und Anwendung nicht auf das Gewicht der durch die in Frage stehenden Mitbestimmungsrechte geschützten Belange der Arbeitnehmer ankommt.[203]

---

[199]   LAG Köln, Beschluss vom 13.8.2009 – 7 TaBV 116/08, juris Rn. 46.
[200]   Dafür: *Krause*, EzA BetrVG 2001, § 80 Nr. 1; vgl. auch *Hergenröder*, SAE 2003, 348 (353).
[201]   BVerfG, Beschluss vom 6.11.1979 – 1 BvR 81/76, NJW 1980, 1093.
[202]   BVerfG, Beschluss vom 6.11.1979 – 1 BvR 81/76, NJW 1980, 1093 (1094).
[203]   BVerfG, Beschluss vom 15.12.1999 – 1 BvR 505/95, AP BetrVG 1972 § 118 Nr. 67.

Diese Aussagen haben das Bundesverfassungsgericht und ihm folgend das Bundesarbeitsgericht in der Folge allerdings stark relativiert. Nunmehr betont die Rechtsprechung, dass der Gesetzgeber den grundrechtlich geschützten Kernbereich unternehmerischen Handelns (Art. 12 Abs. 1, Art. 2 Abs. 1 GG) ebenso achten müsse wie die grundrechtlichen Belange der Beschäftigten. In diesem Spannungsfeld solle § 118 BetrVG privilegieren und müsse das Sozialstaatsprinzip *zurücktreten*.[204] Es liegt daher näher, dass eine Prüfung der Gewichtung der Verfassungsbelange im Sinne praktischer Konkordanz zu einer Einschätzungsprärogative des Gesetzgebers führt und § 118 BetrVG gerade die Auflösung des Konflikts darstellt und nicht von vornherein das Sozialstaatsprinzip ausblendet.

Von den Fällen mit Tendenzbezug unterscheidet sich die vorliegende Konstellation daher grundlegend. Während es hinsichtlich § 118 BetrVG um die Bedeutung des Sozialstaatsprinzips geht, geht es nunmehr um die Bedeutung von Art. 9 Abs. 3 GG hinsichtlich §§ 87ff. BetrVG. Mit § 118 BetrVG, aber eben auch mit den §§ 87ff. BetrVG, hat der Gesetzgeber die Betriebsverfassung ausgestaltet. Der Rückbau dieser Ausgestaltung durch die Rechtsprechung muss sich daher am Sozialstaatsprinzip messen lassen.

Die vorliegende Problematik kennzeichnet sich gerade dadurch, dass eine Regelung, die auf den demokratisch legitimierten Gesetzgeber zurückgeht, durch Richterrecht zurückgebaut wird. Erachtete man einen weitreichenden Einschätzungsspielraum des Richters analog § 118 BetrVG für die Ausgestaltung als prägend, dann würden die Anforderungen an eine teleologische Reduktion oder eine Analogie, die Anforderungen an das Richterrecht, weitgehend beseitigt.

Im Rahmen von § 118 BetrVG leitet die Rechtsprechung aus dem grundrechtlichen Spannungsverhältnis eine restriktive Anwendung ab.[205] Es liegt aus dieser Perspektive daher näher, die Einschränkung der Beteiligungsrechte der Konstellation zuzuordnen, in denen *noch* kein Tendenzbetrieb vorliegt. In diesen Fällen findet das BetrVG Anwendung.[206]

---

[204] BVerfG, Beschluss vom 30.4.2015 – 1 BvR 2274/12, juris.
[205] BVerfG, Beschluss vom 30.4.2015 – 1 BvR 2274/12, NZA 2015, 820 (821).
[206] BAG, Beschluss vom 22.5.2012 – 1 ABR 7/11, NZA-RR 2013, 78 (79).

(5) Der Stellenwert von Betriebsverfassung und Tarifordnung

Die Rechtsprechung könnte sich aber zumindest auf eine Einschätzung des Verhältnisses von Tarifvertrag und Betriebsvereinbarung durch den Gesetzgeber stützen.

In der Praxis hat sich ein komplexes, funktionierendes Nebeneinander von Tarifverträgen und Betriebsverfassungen herausgebildet, das sich maßgeblich von den Konkurrenznormen der §§ 77, 87 BetrVG sowie § 4 Abs. 3 TVG ableitet. Wenn nun der Tarifvertrag nach § 77 Abs. 3 BetrVG bzw. § 4 Abs. 3 TVG der Wirksamkeit der Betriebsvereinbarung entgegensteht,[207] dürften auch die Beteiligungsrechte nicht stärker sein als der Arbeitskampf.

Dieses Argument wäre allerdings zu kurz gegriffen. Denn es geht gerade nicht um ein paralleles Verhandlungsergebnis, sondern um die Beteiligung an einer Maßnahme im Zusammenhang mit Tarifverhandlungen. Die Ergebnisse sind daher nicht kongruent. Oftmals werden mit dem Beteiligungsrecht auch andere Zwecke verfolgt als durch den Arbeitskampf. Geht es im Rahmen von § 87 Nr. 2 und Nr. 3 BetrVG etwa um den Schutz der Arbeitnehmer im Hinblick auf ihre Freizeit, hat dies grundsätzlich nichts mit einem Arbeitskampf zur Erzwingung eines neuen Entgelttarifvertrags zu tun.

Insofern muss an dieser Stelle differenziert werden. § 77 Abs. 3 BetrVG dient gewiss dem Schutz der Tarifautonomie nach Art. 9 Abs. 3 GG, indem er den Tarifvertrag bzw. die Tarifvertragsparteien vor einer Konkurrenz durch die Betriebspartner bewahrt. Es geht diesem Schutzzweck jedoch nur darum, dass die Normsetzungsbefugnis nicht durch ergänzende oder abweichende Regelungen der Betriebspartner ausgehöhlt wird.[208] Wo keine Konkurrenz der betrieblichen Regelung besteht, triff die Norm keine Aussage.

(6) Der Grundgedanke: die praktische Konkordanz

Insgesamt ist das BetrVG einfachgesetzlich nicht in der Lage, die Spannungslage von Art. 9 Abs. 3 GG einerseits und Art. 20 GG andererseits aufzulösen. Einzig § 118 BetrVG dokumentiert, dass eine Einschränkung von Beteiligungsrechten wegen der besonderen Bedeutung der Grundrechte des Arbeitgebers möglich sein kann. Dieser Befund sollte allerdings nicht überraschen, auf beiden Seiten stehen Verfassungsbelange.

---

[207] *Kania*, in: ErfK, § 77 BetrVG Rn. 43.
[208] BAG, Beschluss vom 29.4.2004 – 1 ABR 30/02, NZA 2004, 670 (675).

Zwischen zwei konfligierenden grundrechtlichen Gewährleistungen ist im Wege einer Güterabwägung nach dem Grundsatz der praktischen Konkordanz ein schonender Ausgleich mit dem Ziel ihrer Optimierung herbeizuführen.[209] Entscheidend ist daher, die verfassungsrechtliche Spannungslage unter größtmöglicher Schonung beider Regelungsbereiche durchzuführen.[210] Der Ansatz der praktischen Konkordanz führt unmittelbar zur Verhältnismäßigkeitsprüfung.[211]

Der Begriff der arbeitskampfkonformen Auslegung weist insofern auch den Weg in die richtige Richtung. Es muss im Einzelfall begründet werden, dass die Beteiligung des Betriebsrats *eine Verletzung* der Rechtsposition des Arbeitgebers darstellt.[212]

Das Bundesarbeitsgericht[213] knüpft hingegen eine ernsthafte Beeinträchtigung der Arbeitgeberfreiheit an die drei benannten Voraussetzungen: es muss eine kampfbedingte Maßnahme des Arbeitgebers vorliegen, diese muss zumindest vorübergehend verhindert werden und durch die Verhinderung muss zusätzlicher Druck auf den Arbeitgeber ausgeübt werden. Bereits oben konnte herausgearbeitet werden, dass das Gericht mit den Voraussetzungen nur *einen Eingriff* in die Rechtsposition des Arbeitgebers prüft.

Dieses Abstraktionsniveau blendet die Belange der Beschäftigten komplett aus und führt zu einem § 118 BetrVG vergleichbarem Zustand ohne gesetzgeberische Entscheidung. Die Terminologie des Gerichts legt zudem den Eindruck nahe, als wollte das Gericht die Problematik durch eine Qualifizierung des Eingriffsbegriffs alleine lösen.

Das ist verfassungsrechtlich sehr problematisch. Das Bundesverfassungsgericht steht der unmittelbaren Beschränkung auf Tatbestandsebene der Verfassungsbelange äußerst kritisch gegenüber. Das Bundesverfassungsgericht sieht die Gefahr für eine *„vorschnelle und nur abstrakte Güterabwägung, in der ein Rechtsgut auf Kosten eines anderen realisiert wird"*.[214] Die Beschränkung der Arbeitskampffreiheit des Arbeitgebers durch die §§ 87ff. BetrVG muss dieser Gefahr vorbeu-

---

[209] BVerfG 7.3.1990 – 1 BvR 266/86 u.a. – zu B II 2 a der Gründe, BVerfGE 81, 278; BAG 20.11.2012 – 1 AZR 179/11, Rn. 114; vgl. auch BAG, Beschluss vom 15.10.2013 – 1 ABR 31/12, AP GG Art. 9 Arbeitskampf Nr. 181.
[210] *Meyer*, BB 2012, 2753 (2754).
[211] *Hesse*, Rn. 72; *Greiner*, S. 32.
[212] Vgl. hierzu: *Krause*, EzA BetrVG 2001, § 80 Nr. 1.
[213] BAG, Beschluss vom 13.12.2011 – 1 ABR 2/10, NZA 2012, 571 (573).
[214] BVerfG, Urteil vom 12.6.2018 – 2 BvR 1738/12, NJW 2018, 2695.

gen. Kehrt man die Blickrichtung um, ändert sich nichts. Im Hinblick auf die Allgemeinheit des Grundsatzes der praktischen Konkordanz ist dieser Gedanke auch für die Implikationen des Sozialstaatsprinzips im Lichte der berechtigten Interessen der Arbeitnehmer nach Art. 2, 12 i.V.m. Art. 20 GG fruchtbar zu machen.

(7) Die Verhältnismäßigkeitsprüfung

Aus alledem kann somit gefolgert werden, dass die arbeitskampfkonforme Interpretation dem Grundsatz der Verhältnismäßigkeit entsprechen muss. Freilich wirft diese Annahme die Frage auf, wer dem Grundsatz der Verhältnismäßigkeit unterworfen ist: das prüfende Gericht oder der bestreikte Arbeitgeber?

Im Hinblick auf den Grundsatz der Verhältnismäßigkeit sind beide Ansatzpunkte denkbar. Einmal würde man die Setzung von Richterrecht durch das Gericht an dem Grundsatz der Verhältnismäßigkeit messen.[215] So wäre es beispielsweise unverhältnismäßig, ein Beteiligungsrecht einzuschränken, nur weil es theoretisch zeitlich zu einer Verzögerung der Maßnahme kommen könnte, wenn gewährleistet ist, dass die Maßnahme bei Beteiligung des Betriebsrats in gleicher Weise erfolgen kann. Ebenso könnte man den Arbeitgeber selbst im Hinblick auf die Durchführung seiner geplanten Maßnahme dem Grundsatz unterwerfen. Handelte es sich um eine Arbeitskampfmaßnahme zwischen den Arbeitskampfparteien, wäre dies aktuell von Seiten der Rechtsprechung unstreitig.[216]

Die beiden Perspektiven wird im Endeffekt wenig trennen, weil die Setzung von Richterrecht zwischen Privatrechtssubjektiven gerade durch die Auflösung des Interessengegensatzes legitimiert wird.

Für diese Verhältnismäßigkeitsprüfung im Gegensatz zur Paritätsprüfung des BAG spricht insbesondere, dass sich die Beteiligung des Betriebsrats von der Zulassung einer Arbeitskampfmaßnahme durch den Grundsatz der Parität maßgeblich unterscheidet. Ein Grund für die abstrakte Paritätsbetrachtung des Bundesarbeitsgerichts liegt darin, dass sich die Auswirkungen, die eine Arbeitsniederlegung im Einzelfall auf das wirtschaftliche Ergebnis des betroffenen Unternehmens und auf die Durchsetzungskraft der Arbeitgeberseite im Tarif-

---

[215] Vgl. hierzu *Greiner*, S. 40, der die Notwendigkeit der Verhältnismäßigkeit aus dem Fehlen von Angemessenheitsbewertungen durch den Gesetzgeber ableitet.
[216] BAG (GS), Beschluss vom 21.4.1971 – GS 1/68, AP GG Art. 9 Arbeitskampf Nr. 43; *Linsenmaier*, in: ErfK, Art. 9 Rn. 129; hierzu: *Greiner*, S. 36 ff.

konflikt hatte, nicht hinreichend genau ermitteln lassen.[217] Selbst wenn man diese Bewertung auf die Beteiligung übertragen könnte, ließe sich die Bedeutung der Arbeitgebermaßnahme für die Belange der Arbeitnehmer bzw. im Hinblick auf die Beteiligungsrechte durchaus in den Grundsatz der Verhältnismäßigkeit im Einzelfall einstellen. Denn die Beteiligung würde diesen Einzelfall durch einen Verhandlungsmechanismus regeln.

(8)   Leitgedanken für die Einzelfallprüfung

Selbst im Rahmen der Verhältnismäßigkeitsprüfung einer Arbeitskampfmaßnahme ist alles andere als geklärt, welche Bedeutung sog. Drittinteressen zukommen.[218] Für die Anwendung des Grundsatzes der Verhältnismäßigkeit im Rahmen der Einschränkung der Beteiligungsrechte soll es vorliegend bei einer Darstellung der wichtigsten Punkte bleiben.

Preis hat die Prüfung im Kontext von Gestaltungsrechten wie folgt formuliert: *„Je fundamentaler und umfassender in den Rechtskreis eines anderen durch einseitige Gestaltungsakte eingegriffen wird, desto gewichtiger und dringender müssen die Interessen auf Seiten des Ausübenden sein, um den Eingriff zu legitimieren."*[219] Dieser Gedanke lässt sich auch auf das Durchführen der an sich beteiligungspflichtigen Maßnahme übertragen:

(a)   Wertigkeit von Betriebsverfassung und Tarifvertrags- bzw. Arbeitskampfrecht

Eine Abwägung im Einzelfall müsste mit der Gewichtung der betroffenen Belange beginnen. Abstrakt lässt sich ein Stellenwert des Tarifvertragsrechts und ihm folgend des Arbeitskampfrechts nicht ableiten. Der hohe Stellenwert folgt aus der gesamtwirtschaftlichen Bedeutung des Tarifvertragssystems.

Die wirtschaftliche Bedeutung der Rechtsgebiete lässt jedoch keinen zwingenden Schluss auf den Vorrang des Arbeitskampfrechts zu. Es ist denkbar, dass die Betriebsverfassung eines Unternehmens, insbesondere größerer Unternehmen, wirtschaftlich größere Bedeutung erlangen kann als ein Firmentarifvertrag mit einem kleinen Unternehmen.[220]

---

[217]   BAG, Urteil vom 15.12.1998 – 1 AZR 289/98, AP GG Art. 9 Arbeitskampf Nr. 154; BAG, Urteil vom 10.12.2002 – 1 AZR 96/02, NZA 2003, 734 (738).
[218]   Hierzu: *Green*, S. 97.
[219]   Preis, in FS Dieterich, 439 (453).
[220]   *Heinze*, DB 1982, Beilage 23, S. 14 mit weitergehenden Überlegungen zur Kampfparität.

Das gilt umso mehr, als dass ein Arbeitskampf volkswirtschaftlich unerwünscht ist, während die sog. Friedensordnung volkswirtschaftlich keine Probleme bereitet, auf die ad-hoc zu reagieren wäre. Vielmehr ist heute weitgehend anerkannt, dass die Betriebsverfassung sich grundlegend positiv auf die Produktion auswirkt.[221]

Das BAG hat 2002 eine direkte Positionierung vermieden und lediglich auf die hohe Bedeutung für das Arbeits- und Wirtschaftsleben abgestellt. Auch wenn diese Ausführungen vor der verfassungsrechtlichen Fundierung der Betriebsverfassung stehen, fehlt es in der Entscheidung an einer Bewertung der Betriebsverfassung. Als Ausdruck der sozialen Marktwirtschaft ist die Betriebsverfassung ein prägendes Element des Wirtschaftslebens.[222] Ein unbedingter Vorrang des Arbeitskampfrechts kann daher nicht angenommen werden.

Hinter den Interessen der Belegschaft stehen oftmals greifbare Individualinteressen wie das Interesse am Schutz der Gesundheit. Deutlich wird dies etwa bei der Anordnung von Überstunden. Die dadurch ausgelöste Mehrbelastung hat gemäß § 1 Nr. 1 ArbZG Bedeutung für den Gesundheitsschutz der Arbeitnehmer. In diesen Fällen ist § 87 Abs. 1 Nr. 2 bzw. 3 BetrVG zu entnehmen, dass es nicht nur auf die vertragliche Legitimation ankommen soll. Der Entzug der Art. 2 Abs. 1 GG sichernden Mitbestimmung muss in der arbeitskampfkonformen Interpretation Berücksichtigung finden.

(b) Die Intensität des Eingriffs in die Rechtsposition des Betriebsrats

Bedeutsamer ist daher die Intensität des Eingriffs in die jeweiligen Rechte. Die Rechtsprechung legitimiert den Untergang des Beteiligungsrechts über die Vereitelung der Arbeitgebermaßnahme. Das Gericht differenziert nicht danach, ob die Maßnahme überhaupt noch möglich ist, sondern nur danach, dass die Maßnahme vorübergehend vereitelt wird.

Umgekehrt wiegt der Untergang des Beteiligungsrechts in aller Regel sofort schwer. Insbesondere *Dette* hat darauf hingewiesen, dass diese Rechtsprechung für den Betriebsrat zur Preisgabe der durch ihn vertretenen Belegschaft führt.[223]

---

[221] So insb.: BT-Drs. 14/5741 S. 3.
[222] Vgl. *Beyer*, NJW 2016, 1930 (1930).
[223] *Dette*, in: Arbeitskampfrecht, § 19 Rn. 135.

Geht es um eine Arbeitskampfmaßnahme wie die Aussperrung, würde die Mitbestimmung des Betriebsrats nach § 87 BetrVG die Wahl- und Durchführungsfreiheit nach Art. 9 Abs. 3 GG beeinträchtigen. Der Betriebsrat könnte sich gegen die Aussperrung entscheiden.

Im Einzelfall schwieriger zu beurteilen ist, wenn der Arbeitgeber nur beteiligen muss. Es verbietet sich eine statische Betrachtungsweise. Vielmehr liegt es nahe, dass Arbeitskampfmaßnahmen eher durchgeführt werden dürfen als sonstige arbeitskampfbedingte Maßnahmen. Allerdings darf im Falle von schwächeren Beteiligungsrechten nicht übersehen werden, dass auch die Rechtsstellung des Arbeitgebers im Beratungsverfahren selbst gestärkt ist. Wenn der Arbeitgeber nur beteiligen muss, verbleibt ihm die sog. Letztentscheidungsbefugnis.[224] Dieser Punkt muss daher ebenfalls Berücksichtigung finden.

(c) Fortfall des Beteiligungsrechts als ultima ratio

Dieser Gedanke leitet zur Prüfung der Erforderlichkeit über. Denn es kann sein, dass der Fortfall des Beteiligungsrechts nicht zur Durchführung der Reaktion des Arbeitgebers erforderlich ist. Als Beispiel bieten sich Bildungsmaßnahmen an, wenn es möglich wäre, andere Arbeitnehmer auf die bestreikten Posten zu setzen. Der Arbeitgeber kann dann zwar immer noch versetzen, er muss aber bei der Mitbestimmung nach § 98 BetrVG den Betriebsrat beteiligen.[225]

Ebenso könnte der Grundsatz der Erforderlichkeit eine Reduzierung der Mitwirkungsbefugnisse bedingen. Zu erwägen wäre eine Reduktion des Mitbestimmungsverfahrens auf ein Mitwirkungsverfahren. Eine vergleichbare Lösung wurde zum Personalvertretungsrecht erarbeitet, um die durch das Demokratieprinzip vermittelte parlamentarisch legitimierte Verwaltungsentscheidung vor Eingriffen nicht umfassend demokratisch legitimierter Arbeitnehmervertreter zu schützen.[226] Sollte daher ein Mitbestimmungsrecht eine unverhältnismäßige Belastung der Arbeitskampffreiheit begründen, entbindet dies nicht von der Prüfung, ob nicht zumindest eine Mitwirkung in Form von Anhörung oder Beratung etc. in Betracht kommt.

Ein weiterer wichtiger Punkt hängt mit der unklaren Aussage der Rechtsprechung auf der Rechtsfolgenebene ihrer Rechtsprechung zusammen. Oftmals

---

[224] *Klocke*, S. 166.
[225] Zur Einschränkung des Mitbestimmungsrechts bei einer Bildungsmaßnahme: LAG Berlin, Beschluss vom 21.2.1986 – 2 Ta BV 5/85, NZA 1986, 758.
[226] *Weber*, in: Richardi/Dörner/Weber, Vorbemerkung zu § 69 Rn. 2; BVerfG, Beschluss vom 24.5.1995 – 2 BvF 1/92, NVwZ 1996, 574.

erweckt das Bundesarbeitsgericht den Eindruck als würden die Beteiligungsrechte automatisch untergehen.[227] Aktuell geht das Gericht davon aus, dass der Betriebsrat daran gehindert sei, sein Beteiligungsrecht auszuüben.[228]

Dem Grundsatz der praktischen Konkordanz kann man u.a. dadurch gerecht werden, dass man die Beteiligungsrechte des Betriebsrats nicht automatisch entfallen lässt, sondern dem Arbeitgeber für die Fälle, in denen die Beteiligung die Arbeitskampfparität *verletzen* würde, ein Leistungs- bzw. Beteiligungsverweigerungsrecht zuspricht.

Die Beteiligungsrechte sind auf den Abschluss einer betriebsinternen Lösung der konkreten Maßnahme gerichtet. Es muss daher dem Arbeitgeber in diesem Fall freistehen, ob er das Verfahren einleitet und mit dem Betriebsrat die Maßnahme berät oder ob er die Beteiligung verweigert. Gegenüber dem automatischen Entfallen der Beteiligung stellt sich die Etablierung eines Leistungsverweigerungsrechts als milderes, ebenso wirksames Mittel dar.

Diese Lösung belässt auch dem Arbeitgeber die Autonomie und die Möglichkeit, über die Beteiligung zukunftsfähige Lösungen im Betrieb herzustellen. Bietet der Betriebsrat von sich aus an, die Beteiligung in der gebotenen Zeit zu erledigen, kann es für den Arbeitgeber zumutbar sein, das Verfahren zu durchlaufen.

(d) Insbesondere: eine Vereinbarung über die Ausübung von Beteiligungsrechten im Arbeitskampf

Ein letzter Punkt kann die Zumutbarkeit antizipierter Vereinbarungen über die Beteiligung des Betriebsrats an arbeitskampfbedingten Arbeitgebermaßnahmen – jedenfalls jenseits von Notstandsarbeiten – sein. Bedeutung kann dieser Aspekt insbesondere erlangen, wenn bestimmte Maßnahmen ihrer Typik nach in Arbeitskampfsituationen häufiger auftreten und in einer vorausgreifenden Betriebsvereinbarung aufgelöst werden können.[229]

---

[227] BAG, Beschluss vom 16.12.1986 – 1 ABR 35/85, NZA 1987, 355 (356); BAG, Beschluss vom 10.12.2002 – 1 ABR 7/02, NZA 2004, 223 (226); vgl. die Zusammenfassung der „Rechtfolgen" bei *Kreutz/Jacobs*, in: GK, § 74 Rn. 71.

[228] BAG, Beschluss vom 13.12.2011 – 1 ABR 2/10, NZA 2012, 571; 2018 hat sich das Gericht mangels Erfolg des Arbeitgebers hierzu nicht positioniert, vgl. BAG, Beschluss vom 20.3.2018 – 1 ABR 70/16, NZA 2018, 1081.

[229] Vgl. auch Hessisches LAG, Beschluss vom 21.4.2016 – 5 TaBV 196/15, juris; zu vorausgreifenden Betriebsvereinbarungen: *Klebe*, in: DKKW, § 87 Rn. 127 m.w.N.

Insofern eröffnet dies die Frage, warum das Durchführungsinteresse des Arbeitgebers vorgehen sollte, wenn bereits zuvor die Möglichkeit bestand, diesen Punkt zu klären.

Dies führt zur Grundlage der herrschenden Meinung zurück. Denn das Bundesarbeitsgericht hat sehr früh gerade das Arbeitgeberinteresse an der Funktionsfähigkeit des Betriebsrats für betriebliche Regelungen betont.[230]

Eine antizipierende Betriebsvereinbarung, die auf die Mitbestimmungsrechte während des Arbeitskampfes eingeht, muss sich einerseits am Gehalt der Mitbestimmungsrechte[231] orientieren bzw. diesen wahren und andererseits Art. 9 Abs. 3 GG Genüge tun.[232]

Ist im Einzelfall eine vorausgreifende Betriebsvereinbarung möglich, sollte ein Arbeitgeber aber zumindest darlegen können, dass er versucht hat, eine solche abzuschließen.

f) Zwischenergebnis: Verhältnismäßigkeit als nachgelagerte Prüfung

Die Betonung des Grundsatzes der Chancengleichheit hat von Anfang an den Blick darauf versperrt, dass es um eine konkordante Abwägung zwischen Beteiligung und Arbeitskampffreiheit ankommt.

Die Ergänzung des Grundsatzes der Chancengleichheit um das Prinzip der Verhältnismäßigkeit, macht die Prüfung einerseits für die Praxis schwieriger, andererseits legitimiert sie den Eingriff in die Rechtsposition des Betriebsrats umfassend: Berücksichtigung finden muss insbesondere die Stellung des Betriebsrats im Hinblick auf die Interessen der Belegschaft sowie der Stellenwert der betrieblichen Forderung. In jedem Fall darf der Untergang des Beteiligungsrechts nur *ultima ratio* im Betriebsverhältnis sein. Die Arbeitskampffreiheit muss daher im Einzelfall hinter den höherrangigen Interessen der Belegschaft zurückstehen.

---

[230] BAG, Urteil vom 14.2.1978 – 1 AZR 54/76, NJW 1978, 2054.
[231] BAG, Urteil vom 14.2.1978 – 1 AZR 54/76, NJW 1978, 2054 (2054); *Hergenröder*, SAE 2003, 348 (348); kritisch zu Überstunden: *Waltermann*, RdA 2008, 257 (266); vgl. *Klebe*, in: DKKW, § 87 Rn. 48f.
[232] *Hergenröder*, SAE 2003, 348 (350); vgl. auch *Reinfelder*, in AKR, § 15 Rn. 54: von vornherein unzulässig; *Wiese*, NZA 1984, 378 (383); *Berg*, AiB 2019, 41 (42); vgl. zum Streitstand über die Trägerschaft: BAG, Urteil vom 30.3.1982 – 1 AZR 265/80, NJW 1982, 2835.

Der Grundsatz der Chancengleichheit bzw. der Kampfparität bildet wie auch sonst im Arbeitskampfrecht nur ein grobes Raster[233] und legitimiert allenfalls den Eingriff in das BetrVG im Grundsatz. Der Grundsatz der Verhältnismäßigkeit ist hingegen im Arbeitskampfrecht mittlerweile eine zentrale Säule geworden[234] und sollte dies auch im Spannungsfeld zum Betriebsverfassungsrecht werden.

Damit ist aber noch keine Aussage über die Einschränkung als solche verbunden. Diese kann nur unter Berücksichtigung des Schutzzwecks des jeweiligen Beteiligungsrechts erfolgen. Umgekehrt gilt freilich: hat die Maßnahme schon keine Bedeutung für die Kampfparität, kann die Prüfung der Verhältnismäßigkeit unterbleiben.

Entscheidend muss sein, ob die Beteiligung des Betriebsrats einen unverhältnismäßigen Eingriff in die Grundrechtsposition des Arbeitgebers darstellt. Nur dann kann sie im Wege der verfassungskonformen Interpretation[235] im Einzelfall eingeschränkt werden.

8. Maßnahmen vor, während und nach dem Arbeitskampf

Vorstehend wurden die allgemeinen Grundlagen der Rechtsprechung des Bundesarbeitsgerichts kritisch diskutiert und ergänzt. In den folgenden Abschnitten sollen nunmehr die Beteiligungsrechte im Mittelpunkt stehen. Nach dem vorstehend erörterten Muster bietet sich zunächst ein „Paritätstest" an. Hat die Beteiligung Bedeutung für die Chancengleichheit, muss sich ein konkordanter Ausgleich anschließen.

Das bedeutet zunächst, dass bereits auf der Grundlage der Rechtsprechung des Bundesarbeitsgerichts solche Maßnahmen ausscheiden, die nicht arbeitskampfbedingt sind. Das hat für Maßnahmen vor, während und nach dem Arbeitskampf Bedeutung.

Das BAG hat für diesen Bereich in seiner Entscheidung vom 20.3.2018 einen wichtigen Grundsatz herausgebildet. Eine Einschränkung kommt nur im Hinblick auf konkrete Arbeitskampfmaßnahmen in Betracht, nicht ausreichend sind typischerweise von potenziellen Arbeitskampfmaßnahmen begleitete Verhand-

---

[233] *Fischinger*, RdA 2007, 99 (102).
[234] *Linsenmaier*, in: ErfK, Art. 9 GG Rn. 129; kritisch: *Preis*, FS Dieterich, 439 (462).
[235] Zur verfassungskonformen Rechtsfortbildung: *Meier/Jocham*, JuS 2016, 392 (395).

lungsphasen der Tarifvertragsparteien.[236] Damit ist dieser Bereich vor, während und nach einer Arbeitskampfmaßnahme grundlegend dem Anwendungsbereich der arbeitskampfkonformen Auslegung entzogen, wobei im Einzelfall zu prüfen ist, ob die jeweilige Maßnahme nicht selbst eine Arbeitskampfmaßnahme oder zumindest ein Teil einer Arbeitskampfmaßnahme ist.

a) Maßnahmen im Vorfeld und während des Arbeitskampfes

Im Hinblick auf die Einschränkung der Mitbestimmungsrechte stellt sich die Frage, ob diese auch bei einer Reaktion auf eine zukünftige Arbeitskampfmaßnahme, einen zukünftigen Streik, beschränkt werden können. Das ist etwa dann denkbar, wenn der Arbeitgeber antizipiert, dass er von einem Streik betroffen werden wird und vorsorglich Überstunden anordnet, um einen Produktionsüberschuss zu erzielen.

Das Problem ist stark einzelfallbezogen. Denn wenn Art. 9 Abs. 3 GG Bedeutung gewinnt, genügt der Punkt, dass die Maßnahme einer Arbeitskampfmaßnahme vorgeht, allein nicht. Mit diesem Argument ließe sich nahezu jede Beteiligungslage einschränken. Insofern sind greifbare Formen im Hinblick auf die Arbeitskampfmaßnahme zu fordern, so dass eine solche Einschränkung allenfalls im Zeitraum zwischen Urabstimmung und Beginn des Streiks in Betracht kommen kann. Ferner ist zu betonen, dass der Arbeitskampfbezug im Vorfeld feststehen muss. Eine theoretisch denkbare Kausalität kann nicht genügen.

Maßnahmen während des Streiks, die keinen Bezug zum Arbeitskampf haben, sind bereits auf der Grundlage der Rechtsprechung des Bundesarbeitsgerichts ohne Bedeutung für Art. 9 Abs. 3 GG.[237] Der Betriebsrat ist entsprechend den §§ 74ff. BetrVG zu beteiligen.

b) Maßnahmen nach dem Streik – insb.: die Streikfolgenkompensation

Nach der Beendigung einer Arbeitskampfmaßnahme kann es u.a. in zwei Konstellationen zu Fragen der Einschränkung der Beteiligungsrechte des Betriebsrats kommen.

---

[236] BAG, Beschluss vom 20.3.2018 – 1 ABR 70/16 , NZA 2018, 1081 (1085); vgl. auch *Sura*, NZA-RR 2018, 555 (555).
[237] BAG, Urteil vom 6.3.1979 – 1 AZR 866/77, NJW 1979, 2635.

aa) Das Aufrechterhalten der Maßnahme

Zunächst stellt sich die Frage, ob das Aufrechterhalten der Maßnahme über den Arbeitskampf hinaus der Mitwirkung des Betriebsrats bedarf. Das ist zu bejahen. Soweit sich die Maßnahme immer wieder aktualisiert, ist der Zweck der Beteiligung nicht weggefallen. Umgekehrt fehlt es an der Legitimation durch Art. 9 Abs. 3 GG. Hält der Arbeitgeber daher an der Maßnahme über den Arbeitskampf hinaus fest, so ist er verpflichtet, unverzüglich die Beteiligung des Betriebsrats nachzuholen.[238]

bb) Die Streikfolgenkompensation

Im Zusammenhang mit einem Arbeitskampf könnten die Beteiligungsrechte auch dann eingeschränkt sein, wenn es bei der Anordnung von Überstunden um eine sog. Streikfolgenkompensation handelt.

Eine Streikfolgenkompensation zeichnet sich dadurch aus, dass die Streikmaßnahme beendet ist und der Arbeitgeber durch Aufarbeitung des streikbedingten Arbeitsausfalls lediglich reagiert, ohne den Kampfrahmen zu überschreiten, um zusätzlichen Druck auf die Gewerkschaft auszuüben.[239] Diese Kategorisierung ist nicht unproblematisch. Die Grenzziehung zu Arbeitskampfmaßnahmen erscheint im Einzelfall sehr schwierig. Grundsätzlich liegt es jedoch nach dem Ende des Arbeitskampfs nahe, dass nunmehr Maßnahmen mit Bezug zum Streik dessen Konsequenzen kompensieren sollen.[240]

Der Gedanke drängt sich aus zwei Gründen auf. Zum einen kann es im Hinblick auf die Organisation des Betriebs beliebig sein, ob die Anordnung der Überstunden während oder nach einem Arbeitskampf stattfindet. Zum anderen könnte sich auch die spätere Beteiligungspflicht auf die Arbeitskampfführung auswirken.

Das Landesarbeitsgericht Hessen hat unter Anwendung der Grundsätze des Bundesarbeitsgerichts die Beteiligungspflicht zu Recht bejaht.[241] Nach Ansicht des Gerichts wurde die Arbeitskampffreiheit nicht ernsthaft beeinträchtigt, denn durch die Ausübung des Mitbestimmungsrechts wurde das Verhandlungsgleichgewicht nicht verschoben. Es wurde kein Druck aufgebaut, der die

---

[238] *Berg*, in: DKKW, § 74 Rn. 38a; *Sura*, NZA-RR 2018, 555 (555).
[239] Hessisches LAG, Beschluss vom 21.4.2016 – 5 TaBV 196/15, juris.
[240] *Bieder*, NZA-RR 2017, 225 (229); *Jahn*, S. 75.
[241] Hessisches LAG, Beschluss vom 21.4.2016 – 5 TaBV 196/15, juris; FESTL, § 87 Rn. 164.

Kampfparität zu Lasten der Arbeitgeberin beeinflusst und das Kampfziel der kampfführenden Gewerkschaft gegen den Arbeitgeber oder seinen Verband unterstützt.

Diese Rechtsprechung überzeugt. Art. 9 Abs. 3 GG gewährt keine umfassende Freiheit, Maßnahmen mit Arbeitskampfbezug durchzuführen.[242] Vielmehr muss der Eingriff in die Beteiligungsrechte legitimiert werden. Durch das Ende des Arbeitskampfes fehlt es aber schon an der Legitimationsgrundlage. Es fehlt ferner an der nach der Rechtsprechung erforderlichen Konfrontation im Betrieb.

Vor diesem Hintergrund stellt sich auch die aktuelle Entscheidung vom 20.3.2018 nicht gegen diese Lösung. Denn in dem Fall bestand die Konfrontation im Betrieb weiter fort, auch wenn an dem betroffenen Tag nicht gestreikt wurde. In dem Fall ging es gerade um eine Reaktion auf einen Warnstreik.

9. Die Mitbestimmung in unmittelbar arbeitskampfbetroffenen Betrieben

Nach diesen Grundgedanken kann nunmehr die arbeitskampfbedingte Maßnahme im unmittelbar von einem Arbeitskampf betroffenen Betrieb in den Blick genommen werden.

Wegen der Übersichtlichkeit erfolgt eine Ordnung nach den Beteiligungsrechten. Allein auf die Intensität der Beeinträchtigung der Rechtsposition des Betriebsrats abzustellen, wäre hingegen wegen der Geltung des Grundsatzes der praktischen Konkordanz verkürzt. Gleichwohl bietet sich dieser Gesichtspunkt als Ausgangspunkt an.

a) Das Informationsrecht des Betriebsrats

Die Informationsrechte stellen in aller Regel die Grundlage des Betriebsratsamts und weitergehender Beteiligung dar.[243] Obgleich sie keine Befugnis gewähren, die Maßnahme mitzubestimmen, sind Informationsrechte gerade von grundlegender Bedeutung für die Arbeit des Betriebsrats.

---

[242] Vgl. auch BAG, Beschluss vom 20.3.2018 – 1 ABR 70/16, NZA 2018, 1081 (1085) Rn. 39 a.E.
[243] *Thüsing*, in: Richardi, § 80 Rn. 49.

Das Bundesarbeitsgericht schränkt die Informationsrechte im Arbeitskampf nicht ein.[244] Die Informationspflichten hinderten den Arbeitgeber nicht, sich in Ausübung seiner durch Art. 9 Abs. 3 GG gewährleisteten Koalitionsfreiheit und damit unabhängig vom Willen des Betriebsrats arbeitskampfbezogen zu betätigen. Die Informationsrechte hinderten den Arbeitgeber nicht am sofortigen autonomen Handeln. Mit ihnen könnte zwar ein gewisser Aufwand verbunden sein. Eine geringfügige tatsächliche Beschwernis sei jedoch nicht geeignet, die Handlungsfreiheit des Arbeitgebers im Ergebnis zu beeinträchtigen.

Das Überforderungsargument des Bundesarbeitsgerichts greift bei Informationsrechten nicht ein. Die Geltendmachung des Anspruchs zur Wahrnehmung eines Mitbestimmungsrechts erfolgt neutral, der Betriebsrat ist sogar verpflichtet[245], seine Rechte geltend zu machen und die Entgegennahme der Information beinhaltet für sich keine Parteinahme im Arbeitskampf.

Auf der Grundlage der hier gefundenen Lösung folgt, dass wenn schon das grobe Raster Arbeitskampfparität keine Beschränkung begründen kann, eine Abwägung im Einzelfall unterbleiben kann. Die Informationsrechte können nicht über Art. 9 Abs. 3 GG eingeschränkt werden.

Aus der Literatur wurde der Einwand erhoben, es verstoße gegen den Grundsatz der Kampfparität, wenn der Arbeitgeber über seine Kampftaktik im Vorfeld informieren müsse.[246] Auch *Krause* hat angeführt, dass das Informationsrecht über Art. 9 Abs. 3 GG deswegen eingeschränkt werden könne, weil es das aus der Norm folgende Recht des Arbeitgebers auf Geheimhaltung seiner Abwehrmaßnahmen einschränken könnte.[247] Erforderlich sei daher, dass bei Durchführung der Gegenmaßnahme des Arbeitgebers Rechtsverstöße drohten.

Weiter noch vertritt *Kissel*, dass im Arbeitskampf die Informationsrechte nach §§ 106ff. BetrVG ruhen. Denn die Informationen seien untrennbar mit der Leistungsfähigkeit des Arbeitgebers verknüpft.[248] Das überzeugt nicht. Zunächst wird sich der Betriebsrat auf der Grundlage der vergangenen Informationen des bisherigen Geschäftslaufs ebenso ein Bild über die Durchhaltefähigkeit machen können, wenn er es denn wollte.

---

[244] BAG, Beschluss vom 10.12.2002 – 1 ABR 7/02, NZA 2004, 223; dem folgend auch die überwiegende Meinung in der Literatur vgl.: Berg, in: DKKW, § 74 Rn. 38.
[245] *Oetker*, in: GK, § 23 Rn. 24.
[246] *Kissel*, § 36 Rn. 85.
[247] *Krause*, EzA BetrVG 2001, § 80 Nr. 1; *Worzalla*, in: in: HWGNRH, § 74 Rn. 31.
[248] *Kissel*, § 36 Rn. 86.

Die Geheimhaltung kann zudem kein Selbstzweck sein, sondern bezieht sich gerade auf das Arbeitskampfgeschehen. Handelt es sich um Maßnahmen, auf die die streikende Gewerkschaft nicht unmittelbar reagieren kann, verfängt dieses Argument nicht. Weiter noch hat der Gesetzgeber mit § 79 BetrVG auf der Ebene des einfachen Rechts Vorkehrungen getroffen, um einen Missbrauch der Informationen zu verhindern.[249] Arbeitskampfrechtlich relevant wird die Information erst dann, wenn sie weitergegeben wird. Dann kann aber auch im Einzelfall § 74 Abs. 2 S. 1 BetrVG ein Verbot artikulieren und der Beteiligung entgegenstehen. Insofern ist eine Einschränkung über die arbeitskampfkonforme Auslegung nicht geboten.

b) Das Anhörungsrecht des Betriebsrats

Die Anhörung des Betriebsrats im Falle einer Kündigung wurde früher intensiver diskutiert als sie es heute wird. Hier ist zwischen § 102 BetrVG und dem Zustimmungserfordernis nach § 103 BetrVG zu differenzieren.

An dieser Stelle soll nicht auf die lösende Aussperrung eingegangen werden. Zum einen stellt sie eine Arbeitskampfmaßnahme dar, die im Hinblick auf den Verhältnismäßigkeitsgrundsatz äußerst problematisch ist,[250] und zum anderen wird sie im aktuellen Arbeitskampfgeschehen nicht mehr eingesetzt. Es geht somit nur um die Kündigungen wegen oder im Zusammenhang mit einem Streik.

Nach § 102 Abs. 1 S. 1 BetrVG muss der Arbeitgeber den Betriebsrat vor jeder Kündigung hören. Hierfür muss der Arbeitgeber den Betriebsrat zwar auch informieren, die Anhörung ist jedoch mit darüber hinaus gehenden Verfahrensschritten verbunden. Unstreitig greift § 102 BetrVG immer dann ein, wenn eine Kündigung ohne Bezug zum Arbeitskampf ausgesprochen werden soll.[251]

Im Übrigen bestehen erhebliche Bedenken gegen die Anwendung des Überforderungsarguments. Nach der eigenen Rechtsprechung des Bundesarbeitsgerichts soll § 102 BetrVG den Sinn und Zweck haben, sachgerecht und insbesondere gegebenenfalls zu Gunsten des Arbeitnehmers auf den Arbeitgeber einzuwirken.[252] Der Betriebsrat soll die Stichhaltigkeit und Gewichtigkeit der Kündi-

---

[249] *Krause*, EzA BetrVG 2001, § 80 Nr. 1.
[250] BAG, Urteil vom 12.3.1985 – 1 AZR 636/82, AP GG Art. 9 Arbeitskampf Nr. 84; *Linsenmaier*, in: ErfK, Art. 9 GG Rn. 236.
[251] BAG, Urteil vom 6.3.1979 – 1 AZR 866/77, NJW 1979, 2635.
[252] BAG, Urteil vom 16.7.2015 – 2 AZR 15/15, NZA 2016, 99 (100).

gungsgründe überprüfen und sich über sie eine eigene Meinung bilden können. Die Anhörung soll dem Betriebsrat nicht die selbstständige – objektive – Überprüfung der rechtlichen Wirksamkeit der beabsichtigten Kündigung, sondern gegebenenfalls eine Einflussnahme auf die Willensbildung des Arbeitgebers ermöglichen.[253] Das Beteiligungsrecht hat daher eine entlastende Grundtendenz. Die Forderung nach Neutralität würde der Forderung der Norm nach Schutz des Arbeitnehmers nicht gerecht.

Unter der Fragestellung der Anhörung bei einer sog. Kampfkündigung wird im Zuge der Entscheidung des BAG in den 1970er Jahren diskutiert, ob § 102 BetrVG auf solche Kündigungen Anwendung finden soll, die eine Reaktion auf die Teilnahme eines Arbeitnehmers am Arbeitskampf darstellen. Die Konstellation, dass der Arbeitskampf rechtswidrig war und somit auch die Pflicht zur Arbeitsleistung verletzt wurde, soll am Ende des Gutachtens diskutiert werden. Hier soll die Teilnahme am rechtmäßigen Streik interessieren. Da der Begriff der Kampfkündigung teilweise allein auf diese Konstellation hin entworfen wird[254], soll hier ein anderes Modell kreiert werden. Es sollte allgemein um Kündigungen „wegen des Arbeitskampfes" gehen.[255]

Brox/Rüthers haben auf die Bedeutung von § 25 KSchG hingewiesen.[256] Die Norm geht jedoch von einem Arbeitskampfverständnis aus, das heute nicht mehr existiert. Wenn ein Arbeitnehmer vor Beitritt zu einem Streik die Kündigung erklären musste, diese Erklärung aber unterließ, dann stellte § 25 KSchG sicher, dass im Falle einer arbeitgeberseitigen Kündigung das KSchG wie im Fall der arbeitnehmerseitigen Kündigung keine Anwendung fand.[257] Marginalisiert wird dieses Argument weiterhin dadurch, dass § 102 BetrVG eben auch einschlägig ist, wenn das KSchG nicht zur Anwendung kommt.[258] Auch das Bundesarbeitsgericht hat früh darauf hingewiesen, dass § 25 KSchG keine Regelung für den Arbeitskampf statuiert.[259]

Erfolgt die Kündigung erst im Anschluss an den Arbeitskampf, ist die Einschränkung des Beteiligungsrechts nicht mehr erforderlich, um die Kampfparität zu wahren. Paritätsrelevant könnte somit nur die fristlose Kündigung sein.

---

[253] BAG, Urteil vom 23.10.2014 – 2 AZR 736/13, NZA 2015, 476; BAG, Urteil vom 6.10.2005 – 2 AZR 280/04, NZA 2006, 431.
[254] Vgl. *Thüsing*, in: Richardi, § 103 Rn. 28.
[255] *Koch*, in: APS, § 102 Rn. 14.
[256] *Brox/Rüthers*, Rn. 447.
[257] *Kiel*, in: ErfK, § 25 KSchG Rn. 1; *Moll*, in: APS, § 25 Rn. 2.
[258] Hierzu: FESTL, § 102 Rn. 6.
[259] BAG, Urteil vom 10.6.1980 – 1 AZR 168/79, AP GG Art. 9 Arbeitskampf Nr. 65.

Vor diesem Hintergrund erklärt sich auch, warum das Bundesarbeitsgericht 2002 auf das Überforderungsargument abhob, als es seine Rechtsprechung aktualisierte und bestätigte.

Koch hat darauf hingewiesen, dass das Anhörungsverfahren zu einer zeitlichen Verzögerung des Kündigungsausspruchs und daher zu einer Beeinträchtigung der Rechtsposition des Arbeitgebers führen kann.[260] Gleichwohl hat diese Aussage nur für die Dauer des Arbeitskampfes Bestand und kann nur für fristlose Kündigungen gelten. Im Hinblick auf die ordentlichen Kündigungsfristen ist es jedenfalls zumutbar, die Frist des § 102 Abs. 2 BetrVG abzuwarten.

Was die außerordentliche Kündigung angeht, liegt diese gerade wegen der Rechtswirkung des rechtmäßigen Streiks oftmals sehr fern. Verhaltensbedingte Kündigungen wegen Teilnahme an einem rechtmäßigen Streik scheiden grundsätzlich aus. Parallel hierzu verfügt der Arbeitgeber über kein schützenswertes Interesse, auf die Anhörung des Betriebsrats zu verzichten. Da er nicht kündigen darf, ist eine Arbeitskampffreiheit durch den Bestandsschutz des Arbeitsvertrags nach Art. 12 GG eingeschränkt. Die damit zusammenhängende Beteiligung verlangt ihm nicht mehr ab.

Das Gleiche gilt etwa im Fall einer betriebsbedingten Kündigung oder Massenentlassung, die keine lösende Aussperrung darstellen, sondern nur auf einen andauernden Arbeitskonflikt reagieren sollen. Solche Konstellationen sind aktuell schwierig zu konstruieren und haben bislang die Rechtsprechung auch nicht erreicht. In diesen Fällen wird es regelmäßig darauf ankommen, ob der Arbeitsplatz dauerhaft weggefallen ist und eine Weiterbeschäftigungsmöglichkeit ausscheidet. Erscheint die geplante Kündigung schon nach § 1 KSchG unwirksam, fehlt es an einer Maßnahme, die verzögert werden kann.

c) Das Beratungsrecht

Ein zentrales Beratungsrecht stellt § 111 BetrVG dar. Nach dieser Norm hat der Betriebsrat ein Recht auf Beratung über geplante Betriebsänderungen. Kritisch wird insbesondere die weitgehende Öffnung der Betriebsänderungen anlässlich der Arbeitskampfmaßnahme betrachtet, wendete man die Rechtsprechung auf § 111 BetrVG an.[261] Die Diskussion entzündet sich bei § 111 BetrVG anhand der sog. suspendierenden Betriebsstilllegung.

---

[260] *Koch*, in: APS, § 102 Rn. 15.
[261] *Weiss*, AuR 1982, 265 (267).

Das Überforderungsargument trägt in dieser Konstellation nicht. Da der Arbeitgeber sich dem Druck beugt, folgt er den Zielen der Gewerkschaft. Propagiert der Betriebsrat die Betriebsstilllegung ebenfalls, besteht keine Gefahr für die Neutralität. Ist er hingegen gegen die Betriebsstilllegung, besteht an seiner Neutralität kein Zweifel, weil er sowohl der Gewerkschaft als auch dem Arbeitgeber widerspricht.

Ebenso greift die Bewahrung der Arbeitskampfparität nicht. Der Arbeitgeber folgt dem gewerkschaftlichen Druck. Es geht nicht mehr um Chancengleichheit, sondern allenfalls um die Freiheit, zu resignieren.

Zu gleichen Ergebnissen gelangt man, wenn man die Beratung hinsichtlich einer Arbeitskampfmaßnahme unter § 74 Abs. 2 BetrVG einordnet. Grundsätzlich genügt für die Norm, dass der Betriebsrat an einer Arbeitskampfmaßnahme teilnimmt, jedoch spricht § 74 Abs. 2 BetrVG von Maßnahmen zwischen Arbeitgeber und Betriebsrat, so dass die einfache Beratung über die Maßnahme des Arbeitgebers selbst nicht unter die Norm fällt.

Geht man hiervon aus, erklärt sich, warum in der Literatur aktuell nur darüber gestritten wird, ob die arbeitskampfrechtliche Betriebsstilllegung eine Betriebsänderung i.S.v. § 111 BetrVG ist.[262] Diese Frage kann allerdings nur im Einzelfall beantwortet werden. Eine Betriebsstilllegung setzt den ernstlichen und endgültigen Entschluss des Unternehmers voraus, die Betriebs- und Produktionsgemeinschaft zwischen Arbeitgeber und Arbeitnehmer für einen seiner Dauer nach unbestimmten, wirtschaftlich nicht unerheblichen Zeitraum aufzugeben.[263] Diese Definition kann im Arbeitskampf erfüllt sein, wenn das Ende der Arbeitskampfmaßnahme nicht absehbar ist. In aller Regel wird sie jedoch nicht erfüllt sein.

Im Hinblick auf die Rechtsprechung des Bundesarbeitsgerichts zur Bedeutung des § 111 BetrVG liegt es nahe anzunehmen, dass das Gericht restriktiv mit der Einschränkung der §§ 111ff. BetrVG während des Streiks umgehen würde. Das Bundesarbeitsgericht selbst stellt sogar hohe Anforderungen an Konstellationen, in denen das Beteiligungsrecht seinen Zweck nicht mehr erfüllen kann. Selbst bei der Abwicklung eines notleidenden oder aufgrund rechtlicher Vorgaben nicht fortzuführenden Unternehmens bestehen in der Umsetzung der Betriebs-

---

[262] *Meyer*, BB 2012, 2753; vgl. hierzu: *Annuß*, in Richardi, § 111 Rn. 31.
[263] BAG, Urteil vom 27.9.1984 - 2 AZR 309/83, NZA 1985, 493; näher *Oetker*, in GK, § 111 Rn. 67f.

stilllegung prinzipiell konzeptionelle Gestaltungsspielräume des Verwalters, an deren Ausfüllung der Betriebsrat zu beteiligen ist.[264]

Zu beachten ist in dieser Konstellation allerdings, dass Art. 9 Abs. 3 GG auch auf Seiten der Gewerkschaft tangiert ist. In seinem Urteil vom 24.4.2007 hat das Bundesarbeitsgericht ausdrücklich betont, dass die §§ 111, 112 BGB keine Einschränkung für tarifliche Regelungen zu Sozialplänen enthalten.[265] Verhinderte die Beteiligung des Betriebsrats die Betriebsstillegung für einige Zeit, würde dem Streik als Mittel der Durchsetzung der tariflichen Regelung die bezweckte Wirkung genommen werden.

Insofern wird die arbeitskampfkonforme Interpretation komplett in den Interessengegensatz der Arbeitskampfparteien eingestellt. Allerdings gilt es zu beachten, dass nach §§ 111ff. BetrVG der Betriebsrat auch hinsichtlich der Frage zu beteiligen ist, ob die Betriebsstillegung erfolgen soll.[266] Insofern kann der Arbeitgeber dem Streik gegenüber aufgeben und trotzdem für diese Entscheidung den Standpunkt des Betriebsrats einholen.

Im Hinblick auf die verhältnismäßige Einschränkung des § 111 BetrVG im Lichte des Art. 9 Abs. 3 GG bestehen daher hohe Anforderungen für den Arbeitgeber gegenüber dem Betriebsrat. Das Mandat des Betriebsrats erstreckt sich nicht nur auf die streikenden Arbeitnehmer, sondern auf die gesamte Belegschaft.

Nach alledem wird eine Beteiligung nach §§ 111ff. BetrVG nur in seltenen Fällen in Betracht kommen.

d) Das Zustimmungsverweigerungsrecht

Das Zustimmungserfordernis nach § 99 BetrVG war mehrmals Gegenstand der Rechtsprechung des Bundesarbeitsgerichts.[267] Im Fall aus 2011 ging es um die Konstellation, dass in einem Betrieb gestreikt wurde und aus einem anderen Betrieb desselben Unternehmens arbeitswillige Arbeitnehmer in den bestreikten Betrieb versetzt und dort eingesetzt werden sollten. Bekanntlich hat das Gericht § 99 BetrVG wegen der ernsthaften Beeinträchtigung der Freiheit des Arbeitgebers im abgebenden Betrieb entfallen lassen. Das Gericht ordnete allerdings

---

[264] BAG, Urteil vom 7.11.2017 – 1 AZR 186/16, NZA 2018, 464.
[265] BAG, Urteil vom 24.7.2007 – 1 AZR 252/06, NZA 2007, 987.
[266] BAG, Urteil vom 7.11.2017 – 1 AZR 186/16, NZA 2018, 464; BAG 18.11. 2003 – 1 AZR 30/03, NZI 2004, 161.
[267] BAG, Beschluss vom 13.12.2011 – 1 ABR 2/10, NZA 2012, 571; ebenso: ArbG Köln, Beschluss vom 1.7.2015 – 20 BVGa 14/15, juris.

nicht die Versetzung, sondern den folgenden Einsatz der Arbeitnehmer als Arbeitskampfmaßnahme ein.

Für die Konzernkonstellation hat das LAG Schleswig-Holstein die Einschränkung des § 99 BetrVG verneint, weil nunmehr gerade nicht mehr zwei Betriebe eines Arbeitgebers betroffen waren und das beteiligungspflichtige Unternehmen nicht vom Arbeitskampf betroffen war.[268] Insofern bleibt die Frage, was gilt, wenn ein Arbeitgeber zwei Betriebe leitet.

Das Überforderungsargument ist für § 99 BetrVG nicht von Bedeutung. § 99 Abs. 2 BetrVG legt gerichtlich überprüfbar den Bereich fest, in dem der Betriebsrat seine Zustimmung verweigern kann. Dagegen lässt sich nicht einwenden, dass der Betriebsrat ein Ermessen hinsichtlich der Zustimmungsverweigerungsrechte hat. Die Zustimmungsverweigerungsgründe binden ihn maßgeblich.[269]

Im Hinblick auf die in § 99 Abs. 2 BetrVG aufgeführten Zustimmungsverweigerungsgründe bestehen Bedenken gegen die weitreichende Einschränkung. Im Arbeitskampf dürfen keine Gesetze etc. verletzt werden (Nr. 1).[270] Auch das Interesse der Beschäftigten, vor Kündigungen und sonstigen Nachteilen infolge der personellen Einzelmaßnahme geschützt zu werden, ist ohne weiteres schutzwürdig (Nr. 3 oder Nr. 4).

Schon *Brox* hat darauf hingewiesen, dass der vollständige Ausschluss des Rechts nach § 99 BetrVG nicht erforderlich ist, um die Chancengleichheit im Arbeitskampf zu wahren.[271] Auf der Grundlage der aktuellen Rechtsprechung wäre es allerdings problematisch, hier die Arbeitskampfrisikolehre zu betonen, denn dann müsste der Einsatz der Belegschaft unmöglich oder unzumutbar sein. Eine Versetzung eines Arbeitnehmers wäre verfehlt. *Berg* hat zu Recht betont, dass es bei personellen Einzelmaßnahmen bereits strukturell schwierig ist, diese allein für die Wahrung der Chancengleichheit im Arbeitskampf heranzuziehen.[272]

---

[268] LAG Schleswig-Holstein, Beschluss vom 28.5.2013 – 1 TaBV 31/12, BeckRS 2013, 69856; vgl. auch LAG Hamburg, Beschluss vom 25.4.2018 – 2 TaBV 1/18, NZA-RR 2018, 551.
[269] *Thüsing*, in: Richardi, § 99 Rn. 208.
[270] Insbesondere die Synergie mit § 11 Abs. 5 AÜG ist augenfällig, vgl. *Berg*, AiB 2019, 41 (41). Eine Einschränkung ist de lege lata nicht zu rechtfertigen.
[271] *Brox/Rüthers*, Rn. 449.
[272] *Berg*, in: DKKW, § 74 Rn. 35.

Zweifel an der Rechtsprechung bestehen im Hinblick auf § 99 BetrVG auch wegen der eigenen Grundsätze der Rechtsprechung. Das Gericht hat zu § 99 BetrVG im Jahr 2009 zu der Grundsatzfrage des Unterlassungsanspruchs vertreten, dass aus §§ 99, 100 BetrVG eine Wertentscheidung folge, dass der Arbeitgeber die personelle Maßnahme vorläufig auch ohne Beteiligung des Betriebsrats durchführen dürfe.[273] Dies ist nicht der Ort, um die Richtigkeit dieser Ansicht zu hinterfragen, auch wenn § 100 Abs. 1 BetrVG eigentlich die Wertentscheidung enthält, dass das Treffen der Maßnahme nur ausnahmsweise möglich sein soll, und einen Umkehrschluss zugunsten eines Unterlassungsanspruchs zulässt.[274] Dieser Punkt illustriert jedoch, dass bereits auf der Grundlage der Rechtsprechung das Verfahren nach § 99 BetrVG durchgeführt werden kann, ohne dass der Arbeitgeber auf die rasche Reaktion verzichten muss.

Gleichwohl hat das Gericht mit Beschluss vom 13.12.2011 seine alte Rechtsprechung wiederholt – allerdings ohne auf das Problem vertieft einzugehen.[275] Es betonte einzig, dass das Zustimmungserfordernis und das hierauf bezogene Anhörungsverfahren Erschwernisse bedeuteten und die Arbeitskampffreiheit ernsthaft beeinträchtigten. Es findet sich nur das Argument, dass das Zustimmungsersetzungsverfahren und das Verfahren nach § 100 Abs. 1 BetrVG eng miteinander verbunden seien. In der Literatur findet sich flankierend der Hinweis, dass der Weg über § 100 BetrVG umständlich und dazu kosten- und zeitintensiv sei.[276] Das Gericht hat hingegen betont, dass das Verfahren eine Art einstweiliger Rechtsschutz des Arbeitgebers sei. Insofern fehlt es eigentlich an der Gefahr, dass die Arbeitskampfmaßnahme tatsächlich vereitelt wird.

Das letzte Argument legt aber genau das Problem der Rechtsprechung offen. Sie derogiert einen Ausnahmetatbestand, der dem berechtigten Interesse des Arbeitgebers entspricht, die Maßnahme vorläufig durchzuführen. Nach seiner eigenen Logik muss das Bundesarbeitsgericht entweder den Unterlassungsanspruch bejahen oder es muss das Beteiligungsrecht von Einschränkungen freihalten.

---

[273] BAG, Beschluss vom 23.7.2009 – 1 ABR 23/08, NZA 2009, 1430.
[274] Hierzu: *Klocke*, S. 149ff.
[275] BAG, Beschluss vom 13.12.2011 – 1 ABR 2/10, NZA 2012, 571.
[276] *Reinhard*, ArbRB 3024, 218 (218).

e) Das Mitbestimmungsrecht

Zuletzt soll noch auf das stärkste Beteiligungsrecht, das Mitbestimmungsrecht im engeren Sinne, eingegangen werden.

Bemerkenswert ist zunächst die Entscheidung des ArbG Frankfurt, das die Verteilung eines Gratis-Essens für die Nichtteilnahme an einem Streik § 87 Abs. 1 Nr. 10 BetrVG zuordnete und hierin keine Bedeutung für die Kampfparität erkennen konnte.[277] Hier zeigt sich gut, welche Funktion der Paritätstest übernehmen kann. Auf eine Verhältnismäßigkeitsprüfung kommt es nicht mehr an.

In der übrigen Diskussion kommt dem Mitbestimmungsrecht bei Fragen der Arbeitszeit nach § 87 Abs. 1 Nr. 2 und Nr. 3 BetrVG erhebliche Bedeutung zu. Nach § 87 Abs. 1 Nr. 2 BetrVG hat der Betriebsrat über den Beginn und das Ende der täglichen Arbeitszeit, einschließlich der Pausen sowie der Verteilung der Arbeitszeit auf die einzelnen Wochentage, mitzubestimmen. Dieser Regelungsansatz wird durch § 87 Abs. 1 Nr. 3 BetrVG fortgesetzt für vorübergehende Verkürzungen oder Verlängerungen der betriebsüblichen Arbeitszeit.

Nr. 3 hat u.a. für die Einstellung des Betriebs im Rahmen eines Arbeitskampfes besondere Bedeutung.[278] Das Mitbestimmungsrecht dient dem Schutz der Arbeitnehmer vor den mit einer vorübergehenden Arbeitszeitverkürzung oder -verlängerung verbundenen Sonderbelastungen.[279] Durch das Beteiligungsverfahren nach dem Mitbestimmungsrecht soll sichergestellt werden, dass die Vor- und Nachteile der Sonderbelastungen gerecht auf die Arbeitnehmer des Betriebs verteilt werden.

Soweit unter die Norm eine Aussperrung fällt, verlangt die Arbeitskampfparität, dass diese im Rahmen der durch die Rechtsprechung aufgestellten Grenzen grundsätzlich zugelassen werden muss. Auf der Seite der Arbeitnehmer werden grundsätzlich nur wirtschaftliche Interessen tangiert.

Weitergehende Anordnungen wie Mehrarbeit der übrigen Arbeitnehmer sind dann aber wiederum gesondert nach § 87 BetrVG zu überprüfen. Denn dann geht es in aller Regel auch um die körperliche Gesundheit der betroffenen Ar-

---

[277] LAG Rheinland-Pfalz, Beschluss vom 16.5.2006 – 10 Ta 31/06, AiB 1999, 705.
[278] Vgl. hierzu die Entscheidung: LAG Rheinland-Pfalz, Beschluss vom 16.5.2006 – 10 Ta 31/06, juris.
[279] BAG, Beschluss vom 19.6.2001 – 1 ABR 43/00, NZA 2001, 1263 (1266).

beitnehmer, die nicht durch die Rechtsprechung übersehen werden darf und eine Verhältnismäßigkeitsprüfung im Einzelfall erfordert (s.o.).

10. Die Mitbestimmung in mittelbar arbeitskampfbetroffenen Betrieben

Die wirtschaftliche Verflechtung nahezu aller Unternehmen bringt es mit sich, dass Arbeitskämpfe oftmals auch Auswirkungen auf Betriebe haben, die nicht unmittelbar von einem Arbeitskampf betroffen sind. Trotz der Entscheidungen des Bundesarbeitsgerichts aus dem Jahr 1980 wird heute weitgehend angenommen, dass die Rechtsfrage wieder offen ist.[280] Zum Teil wird der Rechtsprechung aber auch weiterhin gefolgt.[281]

a) Überblick über die Rechtsprechung

Die arbeitskampfkonforme Auslegung findet zumindest im klassischen Verständnis keine Anwendung. Es fehlt nach der Rechtsprechung an der die Typik der arbeitskampfkonformen Interpretationen tragenden Konfrontation von Arbeitgeber und Belegschaft.[282]

Bis zum Jahr 2011 war die Lösung in diesen Fällen für das Bundesarbeitsgericht daher scheinbar sehr einfach zu gewinnen. Die Arbeitskampfrisikolehre schrieb gesetzlich fest, wie die Maßnahme durchgeführt werden müsse. Das Bundesarbeitsgericht differenzierte auf der Grundlage der Arbeitskampfrisikolehre zwischen „ob" und „wie" der Mitbestimmung.[283] War die Aufrechterhaltung des Betriebs unmöglich oder unzumutbar, durfte der Betriebsrat bei der Reduzierung der Arbeitszeit nur hinsichtlich des „Wie" mitbestimmen. Hinsichtlich des „Ob" lag eine gesetzliche Bestimmung vor. Die Rechtsprechung setzte darauf, die Kontrolle der Entscheidung des Arbeitgebers über eine einstweilige Verfügung des allgemeinen betriebsverfassungsrechtlichen Unterlassungsanspruchs zu ermöglichen. Eine Lösung, die nach der Rechtsprechung des Bundesarbeits-

---

[280] FESTL, § 87 Rn. 170; verstärkt wurde die Diskussion über eine mögliche Neuausrichtung des BAG bereits gegen Ende der 80er Jahre, vgl. *Kissel*, NZA 1989, 81.
[281] *Worzalla*, in: in: HWGNRH, § 74 Rn. 32.
[282] Vgl. *Richardi*, in Richardi, § 87 Rn. 397.
[283] BAG, Beschluss vom 22.12.1980 – 1 ABR 2/79, AP GG Art. 9 Arbeitskampf Nr. 70, und BAG, Beschluss vom 22.12.1980 – 1 ABR 76/79, AP GG Art. 9 Arbeitskampf Nr. 71.

gerichts zu § 99 BetrVG offensichtlich nicht verallgemeinerungsfähig sein kann.[284]

Kissel hat die Rechtsprechung dergestalt abstrahiert, dass der Arbeitgeber entweder den Betrieb einstellen könne. In diesem Fall fände keine Mitbestimmung statt. Der Arbeitgeber könne aber auch versuchen, den Betrieb aufrechtzuerhalten. Dann müsse er aber auch in den unter das BetrVG fallenden Fragen den Betriebsrat beteiligen.[285]

Auf der Grundlage der Rechtsprechung zu § 99 BetrVG und der betriebsübergreifenden Betrachtung stellt sich das Problem jedoch in einem anderen Licht dar, wobei der abgebende Betrieb überhaupt nicht betroffen war. Auch wenn das Bundesarbeitsgericht die Besonderheiten von § 99 BetrVG im Vergleich zu anderen Beteiligungsrechten hervorhob, lässt die Entscheidung jedenfalls die Bereitschaft erkennen, das Dogma der unmittelbaren Kampfbetroffenheit flexibel einzusetzen.

b) Die Arbeitskampfrisikolehre

Dies ist nicht der Ort, um die Arbeitskampfrisikolehre einer grundsätzlichen und umfassenden Kritik zu unterziehen,[286] auch wenn es hierfür gute Gründe gäbe. Von Anfang an war die Formel insbesondere im Hinblick auf die Verwendung der Kategorie der Unzumutbarkeit in der Kritik.[287] Durch die Schuldrechtsmodernisierung wurde die Unzumutbarkeit der Leistungserbringung in § 275 Abs. 2 sowie Abs. 3 nebst § 313 BGB verankert. Diesen Regelungen muss aber der Regelungsansatz entnommen werden, dass die Abwägung von Schuldner- und Gläubigerinteresse grundsätzlich von dem Vorrang des Gläubigerinteresses ausgeht.[288]

Dass die Arbeitskampfrisikolehre Ausnahmecharakter hat, lässt sich bereits aus § 615 S. 3 BGB ableiten. Denn grundsätzlich muss der Arbeitgeber das Risiko eines Produktionsausfalls tragen und das Entgelt der beschäftigungswilligen Arbeitnehmer fortzahlen (§ 615 S. 3 BGB, sog. Betriebsrisikolehre). Nichts anderes kann dann auch für die Beteiligungsrechte gelten.

---

[284] BAG, Beschluss vom 23.6.2009 – 1 ABR 23/08, NZA 2009, 1430.
[285] *Kissel*, § 36 Rn. 61ff.
[286] Hierzu: *Jahn*, S. 138ff.; *Heinze*, DB 1982, Beilage 23 S. 14; vgl. auch *Seiter*, Streik und Aussperrung, S. 312 Fn. 86.
[287] *Ögut*, in: Arbeitskampfrecht, § 19 Rn. 84.
[288] *Lorenz*, in: Bamberger/Roth/Hau/Poseck, § 275 Rn. 54.

aa) Voraussetzungen der Arbeitskampfrisikolehre

Die Arbeitskampfrisikolehre besagt, dass Arbeitnehmer, die während eines Arbeitskampfs nicht beschäftigt werden können, keine Vergütung erhalten, wenn Störungen des Betriebsablaufs, die auf Streiks oder Aussperrungen beruhen, die Fortsetzung des Betriebs ganz oder teilweise unmöglich oder für den Arbeitgeber wirtschaftlich unzumutbar machen.[289] Zugleich entfällt die Beschäftigungspflicht des Arbeitgebers.[290] Zumindest in der älteren Rechtsprechung wird die Arbeitskampfrisikolehre als eine rechtsvernichtende Einwendung eingeordnet.[291] Zudem werden auch die Arbeitsverhältnisse zu den nicht gewerkschaftlich organisierten Arbeitnehmern von der Arbeitskampfrisikolehre erfasst.[292]

Das BAG hat zur Voraussetzung dieser Rechtsprechung eine unvermeidliche Zwangslage gemacht.[293] Beruhen Unmöglichkeit oder Unzumutbarkeit auch auf einem Zutun des Arbeitgebers, kann sich dieser daher nicht auf die Arbeitskampfrisikolehre berufen.

Mittlerweile hat das Bundesarbeitsgericht klargestellt, dass diese Risikoverteilung sowohl im mittelbar streikbetroffenen, als auch im unmittelbar streikbetroffenen Betrieb gelten soll.[294] Die Unterscheidung mittelbare und unmittelbare Kampfbetroffenheit hat nach aktuellem Stand der Arbeitskampfrisikolehre die Bedeutung, dass im Falle der unmittelbaren Betroffenheit des Betriebs die Prüfung der Beeinflussung der Parität unterbleiben darf.[295] Anders formuliert, muss in jedem mittelbar betroffenen Betrieb, in dem sich der Arbeitgeber auf Unmöglichkeit oder Unzumutbarkeit beruft, geprüft werden, ob der Wegfall der Arbeitspflicht und der Entgeltfortzahlung nach dem Paritätsprinzip geboten ist.[296] Das setzt voraus, dass die mittelbaren Wirkungen des Arbeitskampfs das Kräfteverhältnis der kampfführenden Parteien beeinflussen können.[297] Im Hinblick auf die hier vorgebrachte Kritik zur „ernstlichen Beeinträchtigung" der Arbeitskampffreiheit müssen an diese Prüfung hohe Anforderungen gestellt werden.

---

[289] BAG, Urteil vom 13.12.2011 – 1 AZR 495/10, NZA 2012, 995.
[290] BAG, Urteil vom 12.11.1996 – 1 AZR 364/96, NZA 1997, 393.
[291] BAG, Urteil vom 27.6.1995 – 1 AZR 1016/94, NZA 1996, 212.
[292] Ögut, in: Arbeitskampfrecht, § 19 Rn. 82.
[293] BAG, Urteil vom 14.12.1993 – 1 AZR 550/93, MDR 1994, 593.
[294] BAG, Urteil vom 13.12.2011 – 1 AZR 495/10, NZA 2012, 995 (996); BAG, Urteil vom 15.12.1998 – 1 AZR 289/98, NZA 1999, 552 (553 f.).
[295] BAG, Urteil vom 12.11.1996 – 1 AZR 364/96, NZA 1997, 393.
[296] BAG, Urteil vom 12.11.1996 – 1 AZR 364/96, NZA 1997, 393 (394).
[297] BAG, Urteil vom 12.11.1996 – 1 AZR 364/96, NZA 1997, 393.

bb) Die Entwicklung der Arbeitskampfrisikolehre

Im Hinblick auf die Anwendung der Arbeitskampfrisikolehre auf Beteiligungsrechte ist zunächst darauf hinzuweisen, dass sich diese Lehre im steten Fluss befindet.

Die Arbeitskampfrisikolehre nahm ihren Anfang in der Entscheidung des Reichsgerichts zum Kieler Straßenbahnkonflikt. Wegen eines Streiks im Kraftwerk konnten die Straßenbahnen nicht fahren. Die Beschäftigten verlangten die Fortzahlung ihres Entgelts. Das lehnte das Reichsgericht jedoch ab.[298] Grundlage war ein Lagergedanke und das Gegenüber von Arbeitnehmerschaft und Unternehmertum.[299] Das Reichsarbeitsgericht griff diese Rechtsprechung später dann ebenfalls auf.

Das Bundesarbeitsgericht folgte zunächst dieser Rechtsprechung, betonte aber die überbetriebliche Solidarität der Arbeitnehmer untereinander stärker.[300] Später gab das Bundesarbeitsgericht seine Argumentation im Hinblick auf die Solidarität der Arbeitnehmer auf und stützte die Rechtsprechung auf den Gedanken der Arbeitskampfparität.[301] Jedenfalls in den bereits diskutierten Beschlüssen vom 22.12.1980 justierte das Gericht seine Rechtsprechung. Das Gericht betonte, dass die Last der Beschäftigungs- und Lohnzahlungspflicht bei legitimen Streiks den unmittelbar betroffenen Arbeitgeber nicht uneingeschränkt aufgebürdet werden könne. Die Ursachen und Folgen der Fernwirkungen von Arbeitskämpfen, insbesondere soweit sie kampftaktisch bestimmt sind, müssten bei der Risikoverteilung berücksichtigt werden.[302]

Der Grundsatz der Arbeitskampfparität wirke sich nicht nur auf die Kampfmittel selbst aus, sondern wirke auch im Bereich der arbeitsvertraglichen Leistungsstörung. Die Kampfparität könne daher auch in mittelbar betroffenen Betrieben Auswirkungen haben. Insgesamt ergäbe sich ein kampftaktischer Vorteil für die Gewerkschaften. Diese könnten sich darauf beschränken, besonders wichtige Schlüsselbetriebe oder kleine Funktionseliten in einen Teilstreik zu führen, ohne die erhebliche Fernwirkungen einer solchen Kampftaktik mit Lohneinbußen erkaufen zu müssen; gleichzeitig stünden die bestreikten Arbeit-

---

[298] RG, Urteil vom 6.2.1923 – III 93/22, RGZ 106, 272.
[299] Ausführlich zu der Entscheidung: *Ögut*, Arbeitskampfrecht, § 19 Rn. 77.
[300] BAG, AP BGB § 615 Betriebsrisiko Nr. 2.
[301] Offengelassen in: BAG, Urteil vom 8.2.1957 – 1 AZR 338/55, AP BGB § 615 Betriebsrisiko Nr. 30; hierzu: *Seiter*, Streik und Aussperrung, S. 310f.; ausführlich: *Ögut*, in: Arbeitskampfrecht, § 19 Rn. 79 ff.
[302] BAG, Beschluss vom 22.12.1980 – 1 ABR 2/79, AP Art. 9 Arbeitskampf Nr. 70.

geber u.U. unter dem latenten oder sogar realen Druck der mittelbar betroffenen Arbeitgeber, den Forderungen der Gewerkschaft nachzugeben.[303]

c) Wirtschaftliche Bedeutung dieser Rechtsprechung

Wenn ein zugrunde gelegter Gedanke der Rechtsprechung die Kompensation durch die Bundesanstalt für Arbeit ist bzw. war,[304] sollte dieser Gedanke im Hinblick auf die aktuelle Reichweite des § 160 SGB III überdacht werden.

Die Norm erzeugt einen erheblichen Druck im Arbeitskampf.[305] Für die Arbeitnehmer kann die sog. kalte Aussperrung im Effekt sogar die stärkere Maßnahme gegenüber der Aussperrung sein. Das Problem wird ferner dadurch verschärft, dass die Organisationen von Betrieben, Unternehmen und Konzernen in einer Hand liegen.[306]

Nach § 160 Abs. 3 SGB III erhalten durch einen Arbeitskampf arbeitslos gewordene Arbeitnehmer, die nicht an dem Arbeitskampf beteiligt waren, kein Arbeitslosengeld, wenn der Betrieb, in dem die oder der Arbeitslose zuletzt beschäftigt war, dem räumlichen und fachlichen Geltungsbereich des umkämpften Tarifvertrags zuzuordnen ist.

Weiterhin ruht der Anspruch sogar dann, wenn der Betrieb nicht dem räumlichen, aber dem fachlichen Geltungsbereich des umkämpften Tarifvertrags zuzuordnen ist, und im räumlichen Geltungsbereich des Tarifvertrags, dem der Betrieb zuzuordnen ist, eine Forderung erhoben worden ist, die einer Hauptforderung des Arbeitskampfes nach Art und Umfang gleich ist, ohne mit ihr übereinstimmen zu müssen, und das Arbeitskampfergebnis aller Voraussicht nach in dem räumlichen Geltungsbereich des nicht umkämpften Tarifvertrags im Wesentlichen übernommen wird.

Der weitreichende Ausfall von Sozialleistungen und die weitereichende Möglichkeit des Arbeitgebers erhöhen daher den Druck auf die streikführenden Gewerkschaften. Die vom Bundesarbeitsgericht betonten Taktiken werden über

---

[303] BAG, Beschluss vom 22.12.1980 – 1 ABR 2/79 , AP Art. 9 Arbeitskampf Nr. 70.
[304] *Ögüt*, in: Arbeitskampfrecht, § 19 Rn. 98 sowie Fn. 98.
[305] Hierzu: *Deinert*, in: Arbeitskampfrecht, § 20 Rn. 121 sowie *Ögüt*, in: Arbeitskampfrecht, § 19 Rn. 98.
[306] *Klebe*, in: DKKW, § 87 Rn. 118.

§ 160 SGB III kostenintensiv. Insofern wäre dieser Punkt nunmehr auf der anderen Seite der Kampfparität anzusetzen.[307]

Darüber hinaus ist problematisch, dass die betrieblichen Interessen, an der Maßnahme mitzubestimmen, bereits in sozialer Hinsicht schützenswert sind, weil eben alle Arbeitnehmer im Betrieb von § 160 SGB III betroffen sind. § 160 SGB III erhöht die Notwendigkeit eines betrieblichen Ausgleichs.[308]

d) Kritik der Anwendung auf § 87 BetrVG

Ein weiterer Dreh- und Angelpunkt der Argumentation des Bundesarbeitsgerichts ist, dass die Einschränkung durch die Arbeitskampflehre einerseits auf dem Grundsatz der Kampfparität basiert und andererseits eine gesetzliche Regelung im Sinne des Einleitungssatzes darstellt. Auf seine arbeitskampfkonforme Interpretation konnte das Gericht nicht abstellen, weil es gerade nicht um einen Betrieb ging, der von einem Arbeitskampf betroffen war.

Es liegt sehr nahe, dass die dogmatische Lösung des Bundesarbeitsgerichts deutlich von der eigenen Einschränkung motiviert war, die arbeitskampfkonforme Auslegung nur in solchen Betrieben einzusetzen, die unmittelbar vom Arbeitskampf betroffen sind.

Dabei lässt sich die Lösung des Bundesarbeitsgerichts auch aus der betrieblichen Perspektive heraus kritisieren. Gegen die Unterscheidung ist insbesondere eingewandt worden, sie sei künstlich und nicht praktikabel.[309] Die Öffnung des „Wie" für die Mitbestimmung hat zu dem Problem geführt, dass die Voraussetzungen des arbeitskampfbedingten Lohnverweigerungsrechts ähnlich schwer zu bestimmen und abzugrenzen sind wie der Umfang und die Verteilung der verbleibenden Restarbeitszeit.[310]

Zudem führt die differenzierende Lösung zu Problemen für die Kampffreiheiten auf Arbeitgeberseite – allerdings ist dieser ja gerade nicht kampfbetroffen: Auch die Mitbestimmung über das „Wie" kann zu einer Einschränkung der Entscheidung des Arbeitgebers führen und für diesen zusätzlichen Druck be-

---

[307] *Klebe*, in: DKKW, § 87 Rn. 116.
[308] *Otto*, NZA 1992, 97 (105) geht offenbar davon aus, dass Sozialleistungen und Mitbestimmung als soziale Abfederung miteinander verbunden sind.
[309] Hierzu: *Deinert*, in: Kittner/Zwanziger/Deinert/Heuschmid, Rn. 89.
[310] *Dette*, in: Arbeitskampfrecht, § 19 Rn. 146f.; zum Ganzen auch *Klebe*, in: DKKW, § 87 Rn. 101ff.; *Kocher/Kädtler/Voskamp/Krüger*, S. 82.

deuten.³¹¹ Denn durch die gerichtliche Untersagung der Verteilung der Arbeitszeit wird auch das ob der Einführung von Kurzarbeit in Frage gestellt.

Grundlage der gesamten Einschränkung des § 87 BetrVG ist allerdings bereits eine fehlerhafte Prämisse: Vom Bundesarbeitsgericht und von Teilen der Literatur wird Richterrecht, zumindest gesetzesvertretendes Richterrecht, einer gesetzlichen Regelung i.S.v. § 87 BetrVG gleichgestellt.³¹² Vermittelnd wird darauf hingewiesen, dass das Richterrecht durch eine Rechtsnorm vermittelt werden kann.³¹³ Nach dieser Lösung wäre Art. 9 Abs. 3 GG die gesetzliche Regelung i.S.v. § 87 BetrVG.

Dem wird zu Recht entgegengehalten, dass ein Richter keine Regelung schaffen kann, die einem allgemeingültigen Gesetz gleichkommt. Zudem ist die Rechtsprechung nicht in gleicher Weise vor Änderungen gesichert wie ein Gesetz.³¹⁴

Für den Ausschluss des Mitbestimmungsrechts ist es erforderlich, dass die gesetzliche Bestimmung den Lebenssachverhalt abschließend und umfassend regelt.³¹⁵ Nur dann fehlt es am Spielraum für die Betriebsparteien. Auch wenn das Richterrecht des Bundesarbeitsgerichts faktisch eine besondere Bindungswirkung hat, entfaltet Richterrecht keine allgemeine Geltung im Bundesgebiet.

Bereits weiter oben³¹⁶ wurde die Rechtsprechung des Bundesverfassungsgerichts zur Unterscheidung von Gesetz und Recht i.S.v. Art. 20 GG auf dieses Problem gelenkt und die fehlende Bindungswirkung des Richterrechts – trotz gesetzesvertretender Wirkung – hervorgehoben. Das Gericht erblickt im Ausbau des Arbeitskampfrechts keine Normsetzung. Das Gericht hob zu Recht maßgeblich darauf ab, dass die Fachgerichte an das durch die Rechtsprechung entwickelte Recht nicht in gleicher Weise gebunden seien wie an Gesetze. Nach deutschem Recht gibt es nämlich grundsätzlich keine Präjudizienbindung. Daher kann Richterrecht keine gesetzliche Regelung i.S.v. § 87 BetrVG darstellen.³¹⁷

---

311 FESTL, § 87 Rn. 176.
312 *Wiese*, in: GK, § 87 Rn. 58. m.w.N.
313 *Kania*, in: ErfK, § 87 BetrVG Rn. 11.
314 *Klebe*, in: DKKW, § 87 Rn. 33; *Koch*, in Schaub § 235 Rn. 5; *Werner*, in: Rolfs/Giesen/Kreikebohm/Udsching, § 87 Rn. 19; *Kania*, in: ErfK, § 87 BetrVG Rn. 11 zugleich aber einschränkend; FESTL, § 87 Rn. 33.
315 BAG, NZA 2014, 1151; *Kohte*, in: Düwell, § 87 Rn. 9.
316 Vgl. V. 5. a).
317 Anschaulich zum Problem selbst: LAG Bremen, Beschluss vom 29.11.2012 – 3 TaBV 11/12.

Richardi hält dem entgegen, dass es um den gesetzlichen Zusammenhang zu § 615 S. 1 und § 615 S. 3 BGB gehe.[318] Der Gesetzgeber hat es jedoch ganz bewusst dabei belassen, die Arbeitskampfrisikolehre der Entwicklung durch die Rechtsprechung zu überlassen.[319] Damit hat er keine gesetzliche Regelung getroffen, er hat sie unterlassen.

Insofern stellt die Arbeitskampfrisikolehre keine gesetzliche Regelung dar und kann das Mitbestimmungsrecht nach § 87 Abs. 1 BetrVG nicht von vornherein einschränken.

e) Arbeitskampfparität als neue Determinante?

Im Hinblick auf das deutliche Votum des Bundesverfassungsgerichts zum Stellenwert des Richterrechts und dem daraus folgenden Ausschluss der Lösung des Bundesarbeitsgerichts, soll nunmehr noch untersucht werden, ob die Einschränkung bei mittelbar kampfbetroffenen Betrieben über den Grundsatz der Chancengleichheit bzw. der Kampfparität erfolgen kann. Denn der Grundsatz der Chancengleichheit und die Arbeitskampfrisikolehre fußen auf der gleichen Wertungsgrundlage. Für das BAG scheidet dieser Weg und insbesondere das Überforderungsargument offensichtlich aus, da es an der Konfrontation von Arbeitgeber und Belegschaft im Arbeitskampf fehlt.

Insbesondere *Meyer* vertritt eine parallele Lösung der beiden Problempunkte. Er erachtet dabei weniger das Paritätsprinzip, sondern vielmehr die verbandspolitische Verklammerung für ausschlaggebend.[320] Auch *Treber* stellt nicht auf die Arbeitskampfrisikolehre, sondern vielmehr auf die Auswirkungen für das Arbeitskampfgeschehen ab.[321] Es soll genügen, dass der Betrieb im Tarifgebiet liegt, für das ein Tarifvertrag abgeschlossen werden soll oder der Betrieb der gleichen Branche angehört und vom Ausgang des Arbeitskampfes profitiert.[322] Hingegen vertritt *Kissel* die Ansicht, dass im Falle einer sog. Fernwirkung nicht von einer Beeinträchtigung der Arbeitskampfparität gesprochen werden könne.[323]

Daran ist richtig, dass der Arbeitgeber in diesem Fall nicht Partei eines Arbeitskampfgeschehens ist und die Schutzwirkung der Kampfparität, die Sicherstel-

---

[318] *Richardi*, in: Richardi, § 87 Rn. 395.
[319] BT-Drs. 14/6857 S. 48.
[320] *Meyer*, BB 2012, 2753; zuvor schon: *Otto*, NZA 1992, 97 (105).
[321] *Treber*, in: Schaub, § 194 Rn. 43.
[322] FESTL, § 87 Rn. 171.
[323] *Kissel*, § 36 Rn. 62.

lung von Verhandlungsparität, in diesem Fall nicht erforderlich ist. Das unterscheidet den Fall auch von der Entscheidung des BAG aus dem Jahr 2011 zu § 99 BetrVG, weil der Arbeitgeber die Leitungsmacht über den aufnehmenden und den abgegebenen Betrieb hatte.

Der Grundsatz der Chancengleichheit kann daher in diesen Fällen nur dann Bedeutung haben, wenn ein Arbeitskampfdruck auf die Koalition entsteht, der die Freiheit der Tarifvertragsverhandlungen in Gefahr bringt. Das darf nach der Rechtsprechung nicht vermutet werden, sondern muss positiv festgestellt werden. Zugunsten eines Außenseiter-Arbeitgebers kann der Paritätsgrundsatz grundsätzlich nicht wirken.[324]

Zu Recht betont *Kissel*, dass die Auswirkungen den Verband in seiner Befugnis aus Art. 9 Abs. 3 GG treffen. [325] Folgte man diesem Gedanken, legitimiert Art. 9 Abs. 3 GG nur zur Teilnahme an kollektiven Betätigungen des den Arbeitskampf *führenden* Verbands.[326] Die betrieblichen Fragen sind von diesen Maßnahmen aber grundsätzlich zu trennen. Das zeitweise Verzögern müsste im Rahmen des Verbands dazu führen, dass arbeitskampfbedingte Maßnahmen unterblieben und müsste sich dann noch als unverhältnismäßig darstellen.

Eine Parallelität von Arbeitskampfrisikolehre und Arbeitskampfparität ist schließlich nicht geboten. Aus Unmöglichkeit und Unzumutbarkeit folgt nicht automatisch, dass der kampfführende Verband in seiner Chancengleichheit tangiert ist. Das Recht ist nach der Logik der Rechtsprechung die Konsequenz aus der Zwangslage des Arbeitgebers, nicht aber der Zwangslage des Verbands.

f) Zusammenfassung

Insgesamt ist die Rechtsprechung des Bundesarbeitsgerichts aus dem Jahr 1980 überholt. Es liegt nahe, die Differenzierung von „Ob" und „Wie" im Hinblick auf die Eingriffsintensität der beiden verfassungsrechtlichen Positionen und daher als Ausdruck der Verhältnismäßigkeit zu verstehen. Insofern stellt der Ansatz die grobe Anwendung des Gebots der praktischen Konkordanz dar, die gemessen an den heutigen Standards nur in eine Einzelfallprüfung führen darf.

Der Grundsatz der Chancengleichheit kann hingegen bereits strukturell nicht die gleiche Bedeutung erlangen wie in unmittelbar bestreikten Betrieben. In

---

[324] *Otto*, NZA 1992, 97 (105).
[325] *Kissel*, § 36 Rn. 62.
[326] So auch: *Heinze*, DB 1982, Beilage 23 S. 14.

unmittelbar bestreikten Betrieben bildet er ein grobes Raster, das in die Verhältnismäßigkeitsprüfung überführt. In mittelbar vom Streik betroffenen Betrieben muss die Betroffenheit der Kampfparität positiv festgestellt werden. Es bietet sich daher an, allein auf den Grundsatz der Verhältnismäßigkeit abzustellen.

Dass die Maßnahme aus Verhältnismäßigkeitsgründen nicht mitbestimmungspflichtig sein soll, liegt dabei fern. Überzeugender ist es, die Frage in die betriebliche Entscheidungsfindung in ein Mitbestimmungsverfahren zu stellen und gemeinsam nach einer Lösung für das betriebliche Problem zu suchen.

11. Annex: Die Mitbestimmung bei Arbeitgeberreaktionen auf einen rechtswidrigen Streik

Ausgehend davon, dass einige der ersten Entscheidungen des Bundesarbeitsgerichts widerrechtliche Streikmaßnahmen zum Gegenstand hatten, wird in der Literatur diskutiert, inwieweit eine Einschränkung die Beteiligungsrechte in diesen Fällen aktuell noch in Betracht kommt. In der Literatur wird eine Gleichsetzung zum rechtmäßigen Streik immer noch befürwortet.[327]

Dass die Überforderung des Betriebsrats, welches die maßgeblichen Entscheidungen des Bundesarbeitsgerichts trug, kein Argument sein kann, wurde bereits oben ausführlich erläutert. Im Fall eines widerrechtlichen Streiks hat der Betriebsrat nach § 80 Abs. 1 Nr. 1 BetrVG sogar ein Mandat, auf die Beendigung hinzuwirken.[328] Der Gesetzgeber erwartet keine Neutralität.

Auch der Ansatz, die Beteiligungsrechte wegen der Herstellung der erforderlichen Kampfparität einzuschränken, ist nicht zielführend. Der widerrechtliche Streik hat keine Bedeutung für die Kampfparität. Es geht nicht darum, die Kampfparität zu einem widerrechtlichen Streik herzustellen. Vielmehr muss bereits der Streik unterbleiben.[329] Wenn das Bundesarbeitsgericht auf die Position des von einem widerrechtlichen Streik betroffenen Arbeitgebers abhebt, bedingt dies nicht zwangsläufig die Einschränkung der Beteiligungsrechte. In diesem Fall stehen dem Arbeitgeber weitere Wege im Recht zur Seite.

---

[327] *Kraft*, FS Müller, 265; *Reinhard*, ArbRB 2014, 218 (220); *Maschmann*, in: Richardi, § 74 Rn. 30; *Thüsing*, in: Richardi, § 103 Rn. 28; *Kissel*, § 36 Rn. 76.
[328] Allerdings ohne eigene Durchführungsansprüche gegenüber dem Arbeitgeber: BAG, Beschluss vom 18.5.2010 – 1 ABR 6/09, NZA 2010, 1433 (1435).
[329] *Jahn*, S. 76f. m.w.N.

Im Hinblick auf die Drittbetroffenheit des Betriebsrats steht dem Arbeitgeber bzw. dem Arbeitnehmer in aller Regel ein Anspruch aus §§ 1004, 823 BGB zu, der im Wege der einstweiligen Verfügung zeitnah realisiert werden kann und die widerrechtliche Arbeitskampfmaßnahme selbst verhindert.[330] Die Einschränkung der Beteiligungsrechte ist somit nicht mehr unerlässlich für Art. 9 Abs. 3 GG.

Einen Sonderfall soll nach verbreiteter Ansicht die Mitbestimmung nach §§ 102f. BetrVG im Falle eines sog. wilden Streiks darstellen.[331] In diesen Fällen geht der Arbeitskampf nicht vom tarifpolitischen Gegenspieler aus, er spielt sich unmittelbar im Betrieb ab. Es kommt einerseits zur Konfrontation von Belegschaft und Arbeitgeber und andererseits oftmals zu Abmahnungen und Kündigungen.

Wegen § 80 Abs. 1 Nr. 1 BetrVG wird die Neutralität in diesen Konstellationen ebenfalls keine Rolle spielen. Der Grundsatz der Arbeitskampfparität greift nicht, weil es nicht um einen Arbeitskampf zwischen tariffähigen Parteien geht. Die Möglichkeit, dass eine Gewerkschaft legitimiert wird, ändert hieran nichts, weil dann die Grundsätze des rechtmäßigen Streiks eingreifen.

Insgesamt sprechen die besseren Argumente für das Fortbestehen der Beteiligungsrechte im Falle eines widerrechtlichen Streiks.

---

[330] So schon *Brox/Rüthers*, Rn. 443.
[331] *Koch*, in APS, § 102 Rn. 15.

VI. Zusammenfassung der Ergebnisse

I. Die vorliegende Arbeit hat die Rechtsstellung des Betriebsrats während eines Arbeitskampfes untersucht. Der Schwerpunkt lag auf dem Verhältnis der Beteiligungsrechte des Betriebsrats zu den Rechten der Tarifvertragsparteien im Arbeitskampf. Folgende Grundlagen konnten erarbeitet werden:

1. Das Betriebsverfassungsrecht und das Arbeitskampfrecht sind zwei unterschiedliche Rechtsordnungen, die durch unterschiedliche Grundlagen und Prinzipien bestimmt werden. Wie sich aus § 2 Abs. 3 BetrVG ergibt, stehen diese Rechtsordnungen grundsätzlich einander neutral gegenüber.

   a) Das Betriebsverfassungsrecht konzipiert sich über die Betriebe als Organisationseinheiten. In ihnen wird gewählt, hiervon ausgehend können Gesamt- und Konzernbetriebsräte entstehen. Die Arbeit von Betriebsrat und Arbeitgeber wird durch die sog. Kooperationsmaxime gemäß § 2 Abs. 1 BetrVG bestimmt.

   b) Das Arbeitskampfrecht konzipiert sich nicht unmittelbar räumlich, sondern geht grundsätzlich von dem Gegenüber der tarifpolitischen Gegenspieler aus und konzipiert hieraus eine Ordnung für den konkreten Arbeitskampf in einem Betrieb. Die Interessengegensätze werden über Art. 9 Abs. 3 GG in ein richterrechtliches Gerüst eingefügt und brechen sich in aller Regel in der Aufrechterhaltung oder in der Stilllegung des betrieblichen Zwecks herunter. Wird der Arbeitskampf im Betrieb geführt (maßgeblich ist grundsätzlich der Streikbeschluss), spricht man von einer unmittelbaren Betroffenheit. Erfolgt kein Streik im Betrieb, zeigen sich im Betrieb aber gleichwohl Auswirkungen (Fernwirkungen), spricht man von mittelbarer Betroffenheit.

   c) Im deutschen Recht gilt das Abstraktionsprinzip. Die jeweiligen Rechtsverhältnisse im Arbeitskampf sind grundsätzlich nicht voneinander abhängig. Das Betriebsverhältnis stellt ein eigenständiges Rechtsverhältnis zwischen Arbeitgeber und Betriebsrat dar. Es wird durch die Beteiligungsrechte konkretisiert. Andere Akteure, auch die Verbände, stehen außerhalb dieses Rechtsverhältnisses. Daran ändert sich nichts, wenn Mitglieder einer Gewerkschaft im Betriebsrat vertreten sind.

2. Auf diesen Grundlagen lässt sich das Koordinatensystem für die Frage des Verhältnisses von Beteiligungsrechten des Betriebsrats einerseits und der Arbeitskampffreiheit des Arbeitgebers andererseits aufbauen. Es kommt auf die tarifpolitischen Gegenspieler und die Betroffenheit der Betriebe an.
3. Grundsätzlich setzt sich das abstrakte Verhältnis von Arbeitskampf und Betriebsverfassung fort. Auch in einem Arbeitskampf bestehen die Rechte und Pflichten der Betriebspartner, Betriebsrat und Arbeitgeber weiterhin fort (Grundsatz der Kontinuität).
4. Nach § 74 Abs. 2 BetrVG besteht allerdings das Verbot für den Betriebsrat, einen Arbeitskampf zu führen. Dieses Verbot ist in erster Linie auf das Aushandeln von Betriebsvereinbarungen gerichtet, wird aber aktuell auch auf Handlungen erstreckt, die aktiv zu einer Teilnahme an einem tariflichen Arbeitskampf führen.
5. Ein darüber hinaus gehendes Neutralitätsgebot im Arbeitskampf statuiert die Betriebsverfassung nicht.

II. Die Beteiligungsrechte bleiben im Arbeitskampf grundsätzlich bestehen und können nur im Einzelfall eingeschränkt werden.

1. Die Lösung der Konkurrenzlage kann nur durch die praktische Konkordanz der betroffenen verfassungsrechtlichen Belange erreicht werden. Auf der Seite des Arbeitgebers steht die schrankenlos gewährleistete Befugnis aus Art. 9 Abs. 3 GG. Auf der Seite des Betriebsrats steht das durch das Sozial- und Demokratieprinzip aus Art. 20 GG vermittelte Recht der Arbeitnehmer auf Teilhabe an den sie betreffenden Fragen im Betrieb. Keines der beiden Rechte kann einen absoluten Vorrang gegenüber dem anderen beanspruchen.

2. Hinter der einschränkenden Rechtsprechung des Bundesarbeitsgerichts stehen zwei Gedanken: einerseits setze die Arbeitskampfparität voraus, dass der Arbeitgeber auf Streiks reagieren kann und ihm nicht durch die Beteiligungsrechte die Hände gebunden sind. Zum anderen sei der Betriebsrat wegen der ihn treffenden Neutralitätspflicht überfordert, das Beteiligungsrecht entsprechend auszuüben, da er sich zwangsläufig für eine Seite entscheiden müsse.

a) Das Überforderungsargument hatte nie eine normative Grundlage und wird zu Recht von der überwiegenden Ansicht in der Literatur abgelehnt. Dem BetrVG liegt vielmehr das Vertrauen zugrunde, dass der Betriebsrat im Rahmen seiner Aufgaben die Interessen der Belegschaft vertritt. Diese Aufgabe trifft ihn auch während eines Arbeitskampfes. Die Vertretung von Belegschaftsinteressen kann nicht automatisch einer Parteinahme im Arbeitskampf gleichgesetzt werden.

b) Der Grundsatz der Chancengleichheit kann die Einschränkung der Beteiligungsrechte allenfalls indizieren. Gleichwohl kann die Einschränkung nur über eine weitergehende Verhältnismäßigkeitsprüfung im Hinblick auf die durch das Beteiligungsrecht verkörperten Belegschaftsinteressen legitimiert werden. Wie schon zwischen den Arbeitskampfparteien hat der Grundsatz der Parität bzw. Chancengleichheit die Funktion eines groben Rasters: stellt der Fall kein Problem für die Chancengleichheit dar, scheidet eine Einschränkung des Beteiligungsrechts zwingend aus.

c) Der Grundsatz der Arbeitskampfparität ist inhaltlich anhand der diskutierten Fälle, durch Richterrecht, entwickelt worden. Die Rechtsprechung betont ihn unterschiedlich stark und gewährleistet ihn nicht schrankenlos.

d) Die Einschränkung der Beteiligungsrechte darf nicht allein deshalb erfolgen, weil die Arbeitskampffreiheit des Arbeitgebers ernsthaft eingeschränkt wird. Vielmehr muss positiv begründet werden, warum die Durchführung der Maßnahme die Bedeutung der Beteiligung des Betriebsrats insgesamt überwiegt. In diesem Bereich greifen die Gerichte unmittelbar in den Wortlaut ein und müssen ihr Vorgehen legitimieren. Es fehlt an einer § 118 BetrVG vergleichbaren gesetzgeberischen Regelung. Eine andere Prüfung ist auch nicht durch Art. 9 Abs. 3 GG angezeigt. Stellt das Gericht fest, dass das Beteiligungsrecht die Kampffreiheit einschränkt, schließt sich die Prüfung der Verhältnismäßigkeit an.

4. Trotz der Ausweitung seiner Rechtsprechung bei einer Versetzung eines Arbeitnehmers von einem nicht kampfbetroffenen Betrieb in einen kampfbetroffenen Betrieb (2011) ist davon auszugehen, dass das Bundesarbeitsgericht immer noch daran festhält, dass die sog. arbeitskampfkonforme Interpretation des Beteiligungsrechts nur in unmittelbar vom Arbeitskampf betroffenen Betrieben zur Anwendung kommt.

5. Da Richterrecht nicht die Instanzgerichte bindet und daher kein Gesetz i.S.v. § 87 BetrVG darstellt, fehlt es bereits an einer Grundlage für die Einschränkung des § 87 BetrVG in mittelbar kampfbetroffenen Betrieben. Im Hinblick auf die vertretene Lösung wird in diesen Fällen auch regelmäßig keine Einschränkung der Beteiligungsrechte in Betracht kommen. § 160 SGB III legt es vielmehr nahe, dass die Arbeitnehmer bzw. die Belegschaft ein berechtigtes Interesse daran haben, an der durch Arbeitskämpfe mittelbar ausgelösten Arbeitslosigkeit mitzubestimmen.

Literaturverzeichnis

Achilles, Sarah; Fazit zu BAG, Beschluss vom 13.12.2011 – 1 ABR 2/10, ZTR, S. 356–357.

Adomeit, Klaus; Der Betriebsrat – ein Volkstribun, NJW 1995, S. 1004 – 1006.

Ascheid, Reiner/Preis, Ulrich/Schmidt, Ingrid; Kündigungsrecht, 5. Aufl. 2017 (zitiert: *Bearbeiter*, in: APS).

Baeck, Ulrich/Winzer, Thomas/Kramer, Nadine; Neuere Entwicklungen im Arbeitsrecht – Rechtsprechung des BAG zu Arbeitskampfmaßnahmen; NZG 2015, S. 1063–1066.

Bamberger, Georg/Roth, Herbert/Hau, Wolfgang/Poseck, Roman; BeckOK BGB, 46. Edition, München 2018 (zitiert: *Bearbeiter* in: Bamberger/Roth/Hau/Poseck).

Bayreuther, Frank; Der Dritte im Arbeitskampf – Schadensersatz Drittbetroffener und Auswirkungen von Streiks auf die Vertragsbeziehungen des Bestreikten mit Dritten, RdA 2016, S. 181–186.

Berg, Peter; Betriebsrat im Arbeitskampf, AiB 2019, S. 41–44.

Bergwitz, Christoph; Die Rechtsstellung des Betriebsrats, Berlin 2003.

Beyer, Walter; Die Erosion der deutschen Mitbestimmung, NJW 2016, S. 1930–1936.

Bieback, Karl-Jürgen/Mayer, Udo; Mitbestimmung des Betriebsrats während des Arbeitskampfes, AuR 1982, S. 169–181.

Bieder, Marcus; Die Entwicklung der betrieblichen Mitbestimmung in sozialen Angelegenheiten (§ 87 I BetrVG), NZA-RR 2017, S. 225–233.

Däubler, Wolfgang; Kurzkommentar zu BVerfG, Beschluss vom 7.4.1997 – 1 BvL 11/96, EWiR 1997, S. 1019–1020.

Däubler, Wolfgang/Hjort, Jens Peter/Schubert, Michael/Wolmerath, Martin: Arbeitsrecht – Handkommentar (zitiert: *Bearbeiter*, in: HK).

Däubler, Wolfgang/Kittner, Michael/Klebe, Thomas/Wedde, Peter; BetrVG – Betriebsverfassungsgesetz; 16. Auflage, Frankfurt a.M. 2018 (zitiert: *Bearbeiter*, in: DKKW).

Däubler, Wolfgang (Hrsg.); Arbeitskampfrecht, 4. Auflage Baden-Baden 2018 (zitiert: *Bearbeiter*, in: Arbeitskampfrecht).

Dietz, Helmut; Friedenspflicht und Mitbestimmung des Betriebsrats in Arbeitskämpfen, Gießen 1989.

Düwell, Franz Josef; Betriebsverfassungsgesetz – Handkommentar, 5. Aufl. 2018 (zitiert: Bearbeiter, in: HKBetrVG).

Fischinger, Philipp; Zur Begrenzung des Streikrechts durch den Grundsatz der Verhältnismäßigkeit, RdA 2007, S. 99–103.

Fitting, Karl (Begr.)/*Engels, Gerd/Schmidt, Ingrid/Trebinger, Yvonne/Linsenmaier, Wolfgang*; Betriebsverfassungsgesetz – Handkommentar, 20. Aufl. München 2018 (zitiert: FESTL).

Gamillscheg, Franz; Kollektives Arbeitsrecht – Band I: Grundlagen, Koalitionsfreiheit, Tarifvertrag, Arbeitskampf und Schlichtung, München 1997 (zitiert: *Gamillscheg I*)

Gamillscheg, Franz; Kollektives Arbeitsrecht – Band II: Betriebsverfassung, München 2008 (zitiert: *Gamillscheg II*)

Gaumann, Ralf; Ausgabe von Werksausweisen bei Erhaltungsarbeiten im Arbeitskampf – ein mitbestimmungspflichtiger Tatbestand; NZA 2001, S. 245–247.

Green, Jan-Niklas; Arbeitskämpfe zulasten der Allgemeinheit; Baden-Baden 2017.

Greiner, Stefan; Das arbeitskampfrechtliche Verhältnismäßigkeitsprinzip, Frankfurt am Main, 2018.

Hauer, Matti; Mitbestimmungsrechte des Betriebsrats bei Anordnung von Überstunden im Arbeitskampf, jurisPR-ArbR 49/2016 Anm. 4.

Heinze, Meinhard; Mitbestimmung des Betriebsrats und Arbeitskampf, DB 1982, Beilage Nr. 23.

Hergenröder, Curt Wolfgang; Anmerkung zu BAG, Beschluss vom 10.12.2002 – 1 ABR 7/02, SAE 2003, S. 348–353.

Hesse, Konrad; Grundzüge des Verfassungsrechts der Bundesrepublik Deutschland, 20. Aufl. 1995.

Hess, Harald/Worzalla, Michael/Glock, Dirk/Nicolai, Andrea/Rose, Franz-Josef/Huke, Kristina; BetrVG-Kommentar; 10. Auflage, 2018 (zitiert: Bearbeiter, in: HWGNRH)

v. Hoyningen-Huene, Gerrick; Das Betriebsverhältnis - Eine Skizze zum betriebsverfassungsrechtlichen Kooperationsverhältnis, NZA 1989, S. 1989, S. 121–125.

Husemann, Tim; Das Verbot der parteipolitischen Betätigung; Baden-Baden, 2013.

Jahn, Lothar; Die Beteiligung des Betriebsrats bei arbeitskampfbedingten Maßnahmen des Arbeitgebers, Baden-Baden 1993.

Kempen, Otto; Das grundrechtliche Fundament der Betriebsverfassung, AuR 1986, S. 129–138.

Kempen, Otto; Das Rechtsverhältnis zwischen den Belegschaftsvertretern und den Gewerkschaften im Arbeitskampf, NZA 2005, S. 185–193.

Kiel, Heinrich/Lunk, Stefan/Oetker, Hartmut; Münchener Handbuch zum Arbeitsrecht, 4. Auflage 2018 (zitiert: *Bearbeiter*, in: MünchArbR).

Kittner, Michael/Zwanziger, Bertram/Deinert, Olaf/Heuschmid, Johannes (Hrsg.); Arbeitsrecht – Handbuch für die Praxis, 9. Auflage 2017 (zitiert: *Bearbeiter*, in: Kittner/Zwanziger/Deinert/Heuschmid).

Kissel, Otto, Arbeitskampfrecht – ein Leitfaden; München 2002.

Kissel, Otto; 40 Jahre Bundesarbeitsgericht, RdA 1994, S. 323–333.

Kissel, Otto; Die Rechtsprechung des Bundesarbeitsgerichts in Arbeitskampfsachen, NZA 1989, S. 81–88.

Klocke, Daniel; Der Unterlassungsanspruch in der deutschen und europäischen Betriebs- und Personalverfassung, Berlin 2013.

Kocher, Eva/Kädtler, Jürgen/Voskamp, Ulrich/Krüger Laura; Noch verfassungsgemäß? Fernwirkungen bei Arbeitskämpfen in der Automobilindustrie und die Verfassungsmäßigkeit des § 160 Abs. 3 SGB III, Frankfurt a.M. 2017.

Kraft, Alfons; Die Mitwirkungs- und Mitbestimmungsrechte des Betriebsrats während des Arbeitskampfes, in: *Mayer-Maly, Theo/Richardi, Reinhard/Schambeck, Herbert/Zöllner, Wolfgang*; Arbeitsleben und Rechtspflege – Festschrift für Gerhard Müller, Berlin 1981.

Krause, Rüdiger; Anmerkung zu BAG, Beschluss vom 10.12.2002 – 1 ABR 7/02, EzA BetrVG 2001 § 80 Nr. 1.

Krause, Rüdiger; Gewerkschaften und Betriebsräte zwischen Kooperation und Konfrontation, RdA 2009, S. 129–143.

Litschen, Kai; Das BAG und der Arbeitskampf oder die Kunst, ein totes Pferd zu reiten; NZA-RR 2015, S. 57–64.

Mayer-Maly, Theo; Lohnzahlungspflicht und Kurzarbeit in mittelbar kampfbetroffenen Betrieben, BB 1979, S. 1305–1312.

Meier, Patrick/ Jocham, Felix; Rechtsfortbildung – Methodischer Balanceakt zwischen Gewaltenteilung und materieller Gerechtigkeit, JuS 2016, S. 392–398.

Meyer, Cord, Einschränkungen der Mitbestimmung im Arbeitskampf, BB 2012, S. 2753–2756.

Müller-Glöge, Rudi/Preis, Ulrich/Schmidt, Ingrid; Erfurter Kommentar zum Arbeitsrecht, 18. Auflage 2018 (zitiert: *Bearbeiter*, in: ErfK),

Otto, Hansjörg; Mitbestimmung des Betriebsrats bei der Regelung von Dauer und Lage der Arbeitszeit; NZA 1992, S. 97–112.

Preis, Ulrich; Verhältnismäßigkeit und Privatrechtsordnung, in: *Hanau, Peter/ Heither, Friedrich/Kühling, Jürgen*; Festschrift für Thomas Dieterich, München 1999.

Reichold, Hermann; Der Betriebsrat – ein „Trojanisches Pferd" im Arbeitskampf?, NZA 2004, S. 247–250.

Reinhard, Barbara; Bedingt abwehrbereit, ArbRB 2014, S. 218–221.

Reuter, Dieter, Die (persönliche und amtliche) Rechtsstellung des Betriebsrats im Arbeitskampf, AuR 1973, S. 1–8.

Richardi, Reinhard/Bayreuther, Frank; Kollektives Arbeitsrecht, 3. Auflage 2016.

Richardi, Reinhard, Anmerkung zu BAG, Urteil vom 26.10.1971 – 1 AZR 113/68, AP GG Art. 9 Arbeitskampf Nr. 44.

Richardi, Reinhard/Dörner, Hans-Jürgen/Weber, Christoph; Personalvertretungsrecht, 4. Auflage 2012 (zitiert: *Bearbeiter*, in: Richardi/Dörner/Weber).

Richardi, Reinhard; gemeinsame Anmerkung zu BAG, Beschluss vom 22.12.1980 – 1 ABR 2/79 und 1 ABR 76/79, AP GG Art. 9 Arbeitskampf Nr. 70 und Nr. 71.

Rolfs, Christian/Bütefisch, Wylka; Gewerkschaftliche Betätigung des Betriebsratsmitglieds im Arbeitskampf, NZA 1996, S. 17–24.

Rolfs, Chrisitan/Giesen, Richard/Kreikebohm, Ralf/Udsching, Peter; BeckOK, Arbeitsrecht, Stand: 1.6.2018 (zitiert: *Bearbeiter*, in: Rolfs/Giesen/Kreikebohm/ Udsching).

Seiter, Hugo; Staatsneutralität im Arbeitskampf, Tübingen 1987 (zitiert: *Seiter, Neutralität*).

Seiter, Hugo; Streikrecht und Aussperrungsrecht, Tübingen, 1975 (zitiert: *Seiter, Streik und Aussperrung*).

Schaub, Günter (Begr.); *Ahrendt, Martina, Koch, Ulrich; Linck, Rüdiger; Treber, Jürgen; Vogelsang, Hinrich*; Arbeitsrechts-Handbuch, 17. Auflage 2017.

Schönhoft, Andreas/Weyhing, Maria; Neutralitätspflicht und Koalitionsfreiheit des Betriebsrats, BB 2014, S. 762–766.

Schwarze, Roland; Zur arbeitskampfrechtlichen Zulässigkeit der Streikbruchprämie, RdA 1993, S. 264–274.

Säcker, Franz Jürgen/Rixecker, Roland/Oetker, Hartmut/Limperg, Bettina; Münchener Kommentar zum Bürgerlichen Gesetzbuch, Band 4, 7. Auflage 2016 (zitiert: *Bearbeiter*, in: MünchArbR).

Sura, Stephan, Anmerkung zu LAG Hamburg, Beschluss vom 25.4.2018 – 2 TaBV 1/18, NZA-RR 2018, S. 555–556.

Ulber, Daniel; Der Weg der Betriebsverfassung ins Grundgesetz, RdA 2015, S. 288–290.

Waltermann, Raimund; „Umfassende Regelungskompetenz" der Betriebsparteien zur Gestaltung durch Betriebsvereinbarung? RdA 2007, S. 257–267.

Weiss, Manfred; Die Rolle des Betriebsrats im Arbeitskampf tariffähiger Parteien, AuR 1982, S. 265–271.

Wiese, Günther; Stellung und Aufgaben des Betriebsrats im Arbeitskampf, NZA 1984, S. 378–383.

Wiese, Günter/Kreutz, Peter/Oetker, Hartmut/Raab, Thomas/Weber, Christoph/Franzen, Martin/Gutzeit, Martin/Jacobs, Matthias; Betriebsverfassungsgesetz – Gemeinschaftskommentar, 11. Auflage 2018 (zitiert: *Bearbeiter*, in: GK).

In der Schriftenreihe des Hugo Sinzheimer Instituts für Arbeitsrecht sind zuletzt erschienen:

Band 28 Marita Körner
Die Auswirkungen der Datenschutz-Grundverordnung (DSGVO) in der betrieblichen Praxis
ISBN 978-3-7663-6928-4

Band 27 Martin Franzen
Stärkung der Tarifautonomie durch Anreize zum Verbandsbeitritt
ISBN 978-3-7663-6855-3

Band 26 Frank Bayreuther
Sicherung der Leistungsbedingungen von (Solo-)Selbständigen, Crowdworkern und anderen Plattformbeschäftigten
ISBN 978-3-7663-6850-8

Band 25 Stefan Greiner
Das arbeitskampfrechtliche Verhältnismäßigkeitsprinzip
ISBN 978-3-7663-6829-4

Band 24 Daniel Ulber/Karoline Wiegandt
Die Bindung von Arbeitnehmervereinigungen an die europäischen Grundfreiheiten
ISBN 978-3-7663-6761-7

Band 23 Claudia Schubert
Betriebliche Mitbestimmung in Unternehmen und Konzernen mit Matrixorganisation
ISBN 978-3-7663-6713-6

Band 22 Bernd Waas / Wilma B. Liebman / Andrew Lyubarsky / Katsutoshi Kezuka
Crowdwork – A Comparative Law Perspective
ISBN 978-3-7663-6697-9

Band 21 Holger Brecht-Heitzmann / Judith Reuter
Perspektiven zur rechtlichen Stärkung des Ehrenamts in der sozialen Selbstverwaltung
ISBN 978-3-7663-6658-0

Band 20 Ulrich Preis / Alberto Povedano Peramato
Das neue Recht der Allgemeinverbindlicherklärung im Tarifautonomiestärkungsgesetz
ISBN 978-3-7663-6657-3

Weitere Informationen zur Schriftenreihe: www.hugo-sinzheimer-institut.de